실전! 유튜브 광고의 모든 것!

YouTube 마케팅
한 권으로 끝내기

| 김보경, 황세현, 이채연 저 |

YOUTUBE MARKETING

DIGITAL BOOKS
디지털북스

| 만든 사람들 |

기획 IT · CG 기획부 | **진행** 양종엽, 박소정 | **집필** 김보경, 황세현, 이채연 | **책임 편집** D.J.I books design studio
표지 디자인 D.J.I books design studio 원은영 | **편집 디자인** 디자인 숲 · 이기숙

| 책 내용 문의 |

도서 내용에 대해 궁금한 사항이 있으시면,
디지털북스 홈페이지의 게시판을 통해서 해결하실 수 있습니다.

디지털북스 홈페이지 : www.digitalbooks.co.kr
디지털북스 페이스북 : www.facebook.com/ithinkbook
디지털북스 카페 : cafe.naver.com/digitalbooks1999
디지털북스 이메일 : djibooks@naver.com
디지털북스 유튜브 : 유튜브에서 '디지털북스' 검색
저자 이메일 : 김보경: bkk2500@naver.com
　　　　　　　 황세현: tvfxq1349@gmail.com
　　　　　　　 이채연: icodus9987@gmail.com

| 각종 문의 |

영업관련 dji_digitalbooks@naver.com
기획관련 djibooks@naver.com
전화번호 (02) 447-3157~8

"이 유튜브 광고는 어떤 거예요?"

현업에서 가장 많이 들었던 질문 중 하나이다. 유튜브 광고에 대한 마케팅 담당자들의 관심도가 나날이 뜨거워지고 있다. 요즘 유튜브를 빼놓고는 디지털 마케팅을 논할 수 없을 만큼 그 영향력은 막강하다. 유튜브 마케팅의 필요성은 충분히 인지가 되었고, 이제는 어떻게 시작할 것인지, 어떻게 하면 잘할 수 있을지에 대한 고민에 접어든 시기인 것 같다.

디지털 광고 플랫폼은 '셀프서브(Self-Serve)' 방식으로 변화하고 있다. 구글, 카카오, 네이버, 페이스북, 트위터 등 굴지의 IT 기업이 내놓은 광고 프로그램은 시간과 장소에 구애 받지 않는다. 원하는 사람 누구나 직접 운영할 수 있다. 그렇지만 안타깝게도 아무나 좋은 광고 성과를 낼 수는 없다. 특히 유튜브 광고를 집행할 수 있는 구글의 광고 프로그램인 '구글애즈(Google Ads)'는 시스템 업데이트가 빠르고 다양한 기능을 가진 점에서 디지털 광고를 전문적으로 다루는 마케터들에게도 쉽지 않은 영역이다.

시중에는 유튜브 크리에이터 이야기, 성공한 유튜브 채널과 콘텐츠에 대한 이야기는 많지만 마케팅, 특히 유튜브 광고 관련 도서는 흔하지 않다. 그래서 우리는 많은 사람들이 좀 더 쉽게 구글의 광고 프로그램을 이용하여 유튜브 광고를 할 수 있도록 '유튜브 셀프 마케팅' 책을 준비했다.

책에는 유튜브 광고를 이해할 수 있는 이론적 내용과 현업에서 바로 적용할 수 있는 경험적 지식을 실제 사례로 담았다. 또 유튜브 광고 상품, 타겟팅 원리, 광고 설정 및 효율 최적화 등의 내용을 이미지와 함께 설명하였다. 유튜브 광고를 배우고자 하는 분들에게 이 책이 '유튜브 광고 교과서'와 같은 지침서가 되길 기대한다.

독자분들은 어떤 유튜브 마케팅 계획을 세우고 있는가? '최대한 많은 사람들에게 브랜드를 알리는 것', '유튜브 채널을 키워서 영향력 있는 유튜버가 되는 것', '퍼포먼스 유튜브 상품으로 구매를 늘리는 것' 등 유튜브를 활용하는 목적은 다양할 것이다. 이 책에서는 다양한 광고 목표에 맞춰 유튜브 광고 상품을 선택하고 활용하는 방법을 습득할 수 있다. 책을 통해 많은 분들이 유튜브 내에서 자신의 브랜드 영향력을 높이고, 유튜브 채널은 더욱 성장하길 기대해본다.

끝으로 이 책이 나오기까지 많은 도움과 격려를 해준 업계 최고의 구글 광고 전문가 그룹 '글링크미디어(Glink Media)' 동료들에게 감사의 말을 전해본다.

2020. 12
김보경, 황세현, 이채연

세상 모든 것이 유튜브로 통한다고 해도 과언이 아닌 요즘, 유튜브 광고의 활용은 이제 단연 선택이 아닌 필수가 되었습니다. 유튜브 광고는 브랜드를 알리고, 제품을 구매하게 하고, 소비자들과 소통할 수 있는 중요한 마케팅 도구로 자리 잡았습니다. 그런 의미에서 유튜브 광고의 모든 것을 다룬 책의 출간이 매우 반갑습니다.

3명의 저자는 현업에서 경험한 다양한 기업의 유튜브 광고 캠페인을 바탕으로 실전에 꼭 필요한 이론적 지식 및 실무적 경험을 이 한 권에 책에 담았습니다. 유튜브 광고를 시작하는 분들에게 좋은 길라잡이가 될 것입니다.

YouTube Content Partnerships Manager 송주한

유튜브가 대세가 되고 채널 간 경쟁이 심화될수록, 유튜브 채널을 운영하는 개인, 기업들은 콘텐츠뿐만 아니라 이를 더욱 효과적으로 알리기 위한 방법에 대한 고민이 많습니다. 영상 콘텐츠를 더 많은, 더 적합한 시청자에게 알리기 위한 유튜브 광고는 이제 선택이 아닌 필수적인 마케팅 기법입니다.

유튜브 시청자의 행동 패턴을 분석한 빅데이터 기반의 사용자 타겟팅, 영상 시청 중 한 번의 클릭으로 고객이 제품을 구매할 수 있는 광고 상품 등 유튜브는 디지털 마케팅에 필요한 모든 솔루션을 제공하고 있습니다.

최신 유튜브 광고 정보를 담은 「YouTube 마케팅 한 권으로 끝내기」는 업계 전문가들의 전문성과 노하우가 담겨 있어 기업 홍보 담당자, 광고대행사 AE, 크리에이터, 예비 광고인들을 위한 필독서로 추천합니다.

유튜브 인플루언서 마케팅 플랫폼 '유커넥' 운영사 '그럼에도' 대표 김대익

성공적인 유튜브 마케팅을 위해서는 유튜브 플랫폼에 대한 깊은 이해, 유튜브 컨텐츠 트렌드, 그리고 목표 달성을 위한 유튜브 광고 전략 3박자를 고루 갖추어야 하며 이것이 마케팅의 성패를 좌우합니다.

특히 유튜브 광고는 형태와 운영 방식이 다양하여 어떻게 활용하느냐에 따라 굉장히 다른 성과를 가져올 수 있습니다. 저자들은 현업에서 몸소 체험한 경험을 바탕으로 목표에 따른 광고 전략 및 성과 측정 방법을 소개하고 있어 기업 마케터, 광고대행사 AE, 취업 준비생 여러분들에게 큰 도움이 될 것이라 확신합니다.

이 책을 통해 시행착오를 줄이고 효과적인 유튜브 마케팅을 경험해 보시길 기대합니다.

구글 광고 전문가 그룹 'Glinkmedia' 이사 정민지

유튜브 광고 전문가가 알려주는 실전 유튜브 광고 마케팅!
유튜브 광고를 처음으로 시작하는 마케터라면 이 책에 주목!

코로나19 사태 이후로 온라인 동영상 이용자의 시청시간이 폭발적으로 늘어났다. 특히 유튜브는 작년에 비해 이용률이 급증하며 유튜브 광고 또한 상당한 성장세를 보이고 있다(2020년 상반기의 한 조사에 따르면, 유튜브의 1인당 월평균 사용 시간은 무려 28.1 시간이다). 디지털 광고 전환 추세에 따라, TV CF를 벗어나 유튜브 광고를 통해 브랜딩마케팅을 하는 기업이 계속 늘고 있다. 대기업뿐만 아니라 중소기업, 소상공인, 스타트업도 유튜브 광고에 뛰어들고 있다.

유튜브 광고는 타겟에 따라 맞춤형 광고를 맞추어 집행할 수 있다. 이 광고의 포인트는 정교한 타겟팅으로 시청자의 시선을 사로잡고, 구매를 유도하는 것이다. 이러한 특징과 방대한 광고수를 보고 유튜브 광고를 시작하는 마케터들도 많이 늘었을 것이다.

「YouTube 마케팅 한 권으로 끝내기」는 유튜브 광고를 시작하는 분들을 위해 만든 책이며, 말 그대로 이 한 권에 '유튜브 광고의 거의 모든 것'을 담아냈다. 유튜브 광고에 관한 입문 지식부터 시작해 광고를 설정하고 운영하는 방법, 타겟팅 전략, 저작권 대응, 구글 애즈 동영상 광고 전문가 시험 대비까지 다루었다. 이 책 한 권으로 유튜브 광고 마케팅을 알차게 배워 보자!

■ 대상 독자

영상을 활용한 브랜딩 마케팅을 기획하는 마케터
효율적인 디지털 광고를 집행하고자 하는 광고 에이전시
자신의 영상 콘텐츠를 효과적으로 알리고 싶은 크리에이터

■ 이 책의 구성

PART 01 _ 유튜브 마케팅 입문

유튜브 광고 마케팅을 시작하기 위해 알아야 할 지식을 소개한다.
유튜브란 어떤 매체인지, 유튜브 알고리즘은 어떻게 발생하는지, 크리에이터 마케팅의 종류는 어떻고 어떤 방식으로 광고를 집행하는지 등을 알아본다.

PART 02 _ 유튜브 광고 시작하기

유튜브 광고는 어떻게 시작하고, 어떤 특징이 있는지 알아본다.

구글애즈를 이용하여 유튜브 광고를 실징하는 방법을 따라 익힌다. 그리고 유튜브 광고 상품의 종류, 유튜브 광고를 적절하게 선택하고 집행하는 방법을 알아본다.

PART 03 _ 유튜브 광고 타겟팅 전략

구글애즈의 다양한 타겟팅 옵션을 이용해 특정 유저에게 광고를 보여주는 방법을 알아본다.

타겟팅을 설정하는 방법과 함께 타겟팅 활용 팁도 전수한다.

PART 04 _ 유튜브 광고 성과측정하기

구글애즈를 이용해 유튜브 광고 성과를 측정하는 방법을 알아본다.

데이터를 기반으로 광고 성과를 예측하고 다각도로 해석하는 시각을 만들어보자.

PART 05 _ 유튜브 저작권 및 브랜드 세이프티(Brand Safety)

유튜브 영상의 저작권 침해 문제에 대응하기 위한 방법을 다룬다.

PART 06 _ Appendix: 구글애즈(Google Ads) 동영상 광고 전문가 자격 취득

유튜브 마케팅 전문가 자격(구글애즈 광고 전문가)을 취득하기 위한 학습을 한다.

유튜브 광고의 핵심 용어를 정리하고, 자격 시험에 대비한 모의고사를 수록하였다.

CONTENTS

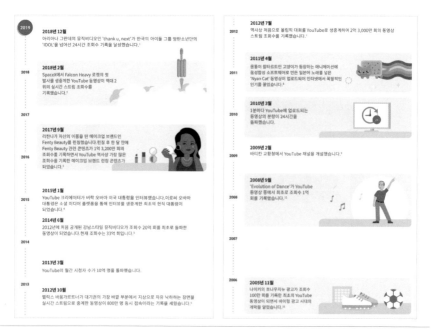

유튜브가 공개한 오늘의 유튜브를 만든 잊을 수 없는 14개의 순간들 (출처 : Think with Google)

최근에는 TV CF를 활용한 영상 광고에서 벗어나 유튜브를 통해 브랜드스토리를 알리는 비즈니스들이 늘어나고 있다. 이미 유튜브 광고를 활발히 진행하고 있는 대기업뿐만 아니라 유튜브 광고를 시작한 중소기업과 소상공인, 스타트업의 수도 지난 2년 동안 두 배 이상 증가했다.

늘어난 광고 수만큼 유튜브에서도 마케팅 목표에 맞는 광고 상품, 입찰 전략 등 다양한 기능들이 업데이트 되고 있다. 또한, 유튜브 광고가 더 많아진 유튜브 광고만큼 광고를 직접 설정하고 운영해야 하는 마케터들도 늘었다.

이 책은 그런 마케터를 위해 쓰여진 책이다. 이제, 유튜브란 어떤 매체이고 어떤 알고리즘이 있으며, 광고는 어떤 특징이 있고 어떤 방법으로 진행되는지 알아보자.

구글의 동영상 플랫폼, 유튜브

▶ 성공적인 유튜브 광고를 위한 5가지 Tip

성공적인 유튜브 광고를 위해선 유튜브에 대해 알아야 한다. 지금부터 유튜브에 대해서 알아보자.

유튜브는 이미 많은 독자분들이 알고 있듯 구글의 동영상 플랫폼으로 국내 이용자의 수가 3,300만 명을 넘어섰다. 다양한 영상 콘텐츠들과 함께 유튜버로 불리는 새로운 직업군이 생기기도 했다. 유튜브를 통해 신곡 뮤직비디오를 공개하는 것은 이제 당연한 일이 되었다.

최근에는 유튜브를 단순히 콘텐츠를 소비하기 위해서가 아닌 정보를 탐색하고 검색하기 위한 방법으로 많이 이용한다. 이미 다양한 콘텐츠가 업로드된 유튜브에서 사람들은 저마다의 궁금증을 해결한다. 또, 영상을 시청할 때는 다른 사람들의 반응을 보려 영상의 댓글, 좋아요, 싫어요 등의 반응을 살핀다.

이렇듯 방대한 콘텐츠가 있는 유튜브에서 우리 브랜드를 더 효과적으로 알리고 성공적인 광고를 하려면 어떻게 해야 할까?

여러 브랜드 사례를 통해 유튜브가 공개한 성공적인 광고를 위한 5가지 팁은 다음과 같다. 해당 자료는 'Think with Google'에서 공개한 자료를 참고하였다.

첫 번째 Tip. 시청자의 시선을 단번에 사로잡기

콘텐츠의 양이 많아지고 사람들의 집중력은 점점 짧아지고 있다. 이는 과거에 비해 확인 가능한 콘텐츠의 양이 매우 많아지고 콘텐츠 선택의 폭이 크게 확대되면서 시청자는 더 까다롭게 콘텐츠를 고르게 된 것이다. 이에 당장 시선을 끌지 못하는 콘텐츠는 바로 건너뛰거나 스크롤하여 넘기는 것이다.

이에 다양한 브랜드들이 광고 초반 여러 가지 방법으로 시청자의 시선을 끄는 방식으로 영상을 제작하고 있다. 중독성 있는 CM 송을 광고 초반부터 노출하거나 인터넷에서 화제가 된

장면을 활용한다. 최근에는 직접적으로 '스킵(Skip)하지 마세요' 하는 방법 등 다양한 방식으로 시청자의 호기심을 유발한다.

중독성 있는 CM 송을 활용한 '야놀자'와 '동원참치'

인터넷에 화제가 된 장면을 이용한 '알바몬'과 '버거킹'

'스킵하지 마세요'를 직접적으로 표현한 '코오롱'과 영화 '삼진그룹 영어 토익반'

두 번째 Tip. 실생활에 유용한 콘텐츠 만들기

최근 유튜브에서 '랜선 아빠'라고 불리고 있는 미국 유튜버가 있다. 영상에서 이 유튜버는 면도하는 법부터 넥타이 매기, 타이어 교체하기 등 아빠가 알려주는 팁이란 주제로 영상을 올려 화제가 됐다.

이 채널은 어릴 적 아버지 없이 자랐던 유튜버의 경험을 토대로 시작한 채널이다. 이 유튜버는 온라인 아버지가 되어 아버지가 알려줄 수 있는 여러 가지 삶의 기술들을 'Dad, How do I?(아빠 어떻게 하죠?)'라는 채널을 통해 전달하고 있다.

'Dad, How do I?' 채널의 영상들

이렇듯 실생활의 팁부터 외국어 회화에 이르기까지 영상을 시청하는 시청자의 관심과 목적은 너무나 다양하다. 유튜브에 따르면 2017년부터 '제품 비교 및 리뷰' 등 실생활과 밀접한 주제를 가진 영상의 시청시간은 2배 이상의 성장율을 보이고 있다고 한다.

다양한 광고가 넘쳐나는 지금, 시청자들에게 우리 브랜드를 각인시키기 위해서는 이런 소비자의 요구를 반영하여 유용한 콘텐츠를 만드는 것이 좋다. 시청자가 배울 수 있고 아이디어를 얻을 수 있는 광고를 만들면 시청자는 광고를 보는 것을 넘어 충성도 높은, 브랜드의 대변인 역할을 하게 된다.

세 번째 Tip. 핵심 키워드는 관련성

광고를 만들 때 제일 먼저 광고의 타겟이 되는 시청자를 이해해야 한다. 한 조사 결과에 따르면 콘텐츠 개인의 관심분야와 관련이 높은 광고일수록 해당 광고를 중요한 콘텐츠로 여기는 것으로 나타났다.

시청자가 콘텐츠를 선택할 때 콘텐츠에 유명 배우가 등장하는 것보다 내가 관심 있는 분야와 관련된 영상인지가 3배 더 중요하다. 퀄리티가 높은 영상보다도 내 관심사와 맞는 영상을 선택할 확률이 1.6배 높은 것으로 나타났다.

Think with Google에서 공개한 시청자가 콘텐츠를 정할 때 관심사가 미치는 영향 (출처: Think with Google)

강아지에 관심이 있는 유저는 유명한 연예인을 모델로 한 광고보다 귀여운 강아지가 나오는 광고를 더 관심 있게 본다는 이야기이다. 우리 광고를 보여줄 사람들에 맞춰서 광고를 준비하고 운영하는 것이 매우 중요하다.

네 번째 Tip. 유튜브 크리에이터와 협력하기

유튜버로 통칭되는 유튜브 크리에이터는 팬과 직접 소통하고 그들의 이야기를 들으며 크리에이터 각각의 개성에 따라 팬과 지속적인 관계를 만들어 간다. 수많은 시청자가 크리에이터의 채널을 구독하고 영상을 지속적으로 보는 팬이 되고 있다. 채널을 구독하고 시청하는 유튜브 사용자 수는 2017년에서 2018년 사이 70%나 증가했다.

↑**70**% 크리에이터 채널을 구독하고 영상을 매일 시청하는 YouTube 사용자 수의 성장율

Think with Google에서 공개한 채널을 구독한 유저의 수 (출처: Think with Google)

크리에이터와의 협업을 통해 크리에이터의 구독자에게 다가갈 수 있을 뿐만 아니라 크리에이터의 채널에 광고를 게재하며 고객에게 다가갈 수 있다.

다섯 번째 Tip. 액션 유도하기

유튜브에서 콘텐츠를 소비하는 시청자는 이제 더 이상 수동적으로 영상을 시청하지 않는다. 단순히 침대에 누워 시청하는 것이 아닌, 영상과 소통하며 영상에 대한 높은 몰입도와 이해도를 보이고 있다. 이들은 유튜브를 통해 브랜드 선택이나 제품 구매에 도움을 받는 것으로 나타났다.

효과적인 광고는 시청자의 시선을 끌어 액션을 유도하고 다음 단계, 즉 웹사이트 방문이나 제품 구매로 이어지게 하여 비즈니스 성과를 유도하는 데 큰 도움이 된다.

▶ 마케터가 알아야 할 유튜브 핵심 알고리즘

유튜브를 통해 성공적인 마케팅을 하기를 원한다면 유튜브 내에서 발생하는 알고리즘을 이해해야 한다.

정성을 쏟아 만든 영상들로 꾸준하게 활성화시킨 유튜브 채널을 더 많은 사람들에게 알리고자 한다면 꼭 지금부터 소개되는 유튜브 핵심 알고리즘을 기억해두길 바란다. 참고로 지금부터 소개되는 내용은 'YouTube Creator Academy'에 소개된 자료를 근거로 한다.

유튜브를 이용하다 보면 개인에게 다양한 방식으로 여러 동영상이 추천된다. 유튜브 검색결과 및 유튜브 앱의 홈피드에 노출되는 영상 리스트와 영상 시청 페이지에서 지속적으로 다양하게 노출되는 추천 영상은 어떤 알고리즘이 적용되는지 알아보자.

자연검색 결과 알고리즘

유튜브에서 '책'을 검색했을 때

시청자는 원하는 영상을 보기 위해 유튜브에 들어가 키워드를 넣어 검색한다. 키워드 검색 결과는 사용자가 보았던 영상, 구독했던 채널 등 사용자에 맞춰 노출되기 때문에 사용자마다 모두 다르다.

이 과정에서 검색 결과 상단에 광고가 아닌 자연 영상으로 노출시키려면 어떤 방식을 택해야 하는 것일까?

우선 유튜브에서는 사용자에게 가장 좋은 경험을 제공하기 위해 검색 결과에 관련성, 참여도, 품질이라는 3가지 우선순위를 둔다.

1) 검색어와 영상의 관련성
관련성은 영상의 제목, 태그, 설명, 동영상 콘텐츠가 크롤링되어 유저가 검색한 검색어와 얼마나 일치하는지 등 다양한 요인을 통해 평가된다.

2) 기존 검색 유저의 참여도
참여도는 관련성을 파악할 수 있는 유용한 지표로 유튜브에서 여러 사용자들의 행동을 토대로 집계한 참여도 요소를 통합하여 파악한다. 즉, 특정 검색어로 검색한 후 특정 영상의 시청 시간을 분석하여 해당 동영상이 해당 키워드와 관련성이 있는지 확인하는 것이다.

3) 영상의 품질
마지막으로 품질을 위해서 어떤 채널이 특정 주제에 관한 전문성, 신뢰성을 보이고 있는지 판단하는 요소를 식별하여 점수화한다.

#발명왕 #InventionKing #달라스튜디오
공중화장실 이용할 때 불편함 시원히 내려버릴 정윤호의 화장실 발명품 [발명왕] Ep.9

조회수 145,437회 • 2020. 10. 20.　　　　　　　　👍 4.5천　👎 52　↱ 공유　≡+ 저장　•••

(DALL) 달라스튜디오
　　　　구독자 96.6만명　　　　　　　　　　　　　　　　　　　　　　구독중　🔔

발명가님과의 역대급 티키타카ㅋㅋㅋㅋㅋㅋㅋ
03:58 우리 청프로님 그림 실력
발명계 원탑 ㅇㅈ합니다👑

발명폭격기의 아이디어 대방출 예능 [발명왕]
🕕 매주 화요일 오후 6시 30분
🔔 구독+댓글+알림설정ㄱㄱ

발명왕
기획 : 고동완
제작 : 김세웅 박현진 선정린 윤아름 임유라
작가 : 이민정 유지선

#발명왕 #InventionKing #달라스튜디오 #유노윤호 #정윤호 #TVXQ #발명 #특허 #아이디어

* 도움 주신 이노뱅크 특허법률사무소 김현석 변리사님 감사드립니다 *

예능　달라스튜디오　DALLA　TVXQ　동방신기　발명　발명왕　정윤호　유노윤호　sm엔터테인먼트　치킨발명품
에스엠　특허　변리사　화장실발명품　깁블　허탑

영상 제목, 설명 문안, 태그 등이 잘 작성된 '달라 스튜디오'의 '발명왕 EP. 9 영상

　　이를 위해 기본적으로 영상 제목과 설명문구, 태그 작성을 잘 해야 한다. 유저가 유튜브에서 특정 키워드를 검색하면 시스템에서 유튜브 내에 있는 모든 영상의 텍스트 정보를 분석하여 매칭시킨다. 검색어가 영상 정보에 기본적으로 반영되어야 노출될 수 있는 자격이 주어지는 것이다.

　　여기서 주의해야 할 점은 검색이 잘 되기 위해 영상에 태그를 너무 많이 또는 관련성 없는 내용을 넣었을 경우에는 영상 미노출, 삭제 등의 패널티가 주어질 수 있다는 점이다.

　　기본 요건을 갖춘 영상들은 어떤 기준으로 상위에 노출되는 것일까? 영상의 품질 점수와 해당 영상을 게재한 채널의 품질 점수가 결합되어 영상 노출의 순위가 정해진다. 검색 시 상위 노출에 영향을 주는 요소는 '영상의 조회수', '영상 시청길이', '좋아요', '댓글 수', '공유', '영상을 게재한 채널의 전체 조회수', '구독자 정보', '재생목록' 등이 있다. 이러한 요소에 의해 품질 점수가 부여되고 점수가 높은 영상부터 노출된다. 위 요소들이 노출될 순위를 정하는 것이다.

20　　YouTube 마케팅 한 권으로 끝내기

특정 검색어를 검색했을 때 유튜브 검색 결과에서 높은 순위를 차지하기 위해 동영상, 재생 목록, 채널을 최적화하는 과정을 '유튜브 SEO(Search Engine Optimization)'라고 한다.

따라서 유튜브 내에서 내 특정 키워드를 검색했을 때 내 영상이 노출되는 것을 원한다면 앞에 설명한 요소들을 반영해 최적화하는 '유튜브 SEO' 작업을 해보자.

또한 검색결과는 사용자 환경에 맞춰 최적화되기 때문에, 검색 유저마다 다르게 나타난다는 점을 알아두자.

영상 조회수 카운팅 알고리즘

'직캠' 중 가장 많은 조회수를 가진 영상

블랙핑크 '하우 유 라이크 댓' MV, K팝 최단기간 6억뷰
연합뉴스 · 1일 전 · 네이버뉴스

유튜브에서 조회수 6억건을 넘겼다. 지난 6월 26일 공개된 지 약 117일 7시간 만에 세운 기록으로, K팝 그룹 뮤직비디오 가운데 가장 빠르게 6억뷰를 달성했다. 이는 기존 최단기간 6억뷰 뮤직비디오인 블랙핑크의...

ㄴ 블랙핑크 '하우 유 라이크 댓' MV 6억… · 디지털타임스 · 1일 전 · 네이버뉴스
ㄴ 블랙핑크 '하우 유 라이크 댓' MV, K… · MBC · 1일 전 · 네이버뉴스
관련뉴스 전체보기▸

'최단기간 6억 뷰'…블랙핑크, 또 K팝 뮤비 새 역사
스포츠월드 · 13시간 전 · 네이버뉴스

유튜브 조회수 6억뷰를 돌파했다"고 전했다. 지난 6월 26일 공개된 지 약 117일 7시간 만에 세운 기록으로, K팝 그룹 뮤직비디오 가운데 가장 빠르게 6억뷰를 달성했다. 이는 기존 최단기간 6억뷰를 달성한 '킬...

ㄴ 블랙핑크, '하우 유 라이크 댓' 뮤비 6… · 스포츠서울 · 15시간 전 · 네이버뉴스

최단기간 높은 유튜브 조회수 확보로 화제가 된 블랙핑크

동영상의 인기 척도를 알려주는 게 바로 조회수다. 일반 기업에게는 가장 중요한 유튜브 마케팅 지표이고, 개인에게는 인지도와 영향력을 평가받는 중요한 지표이다. 그렇다면 영상의 조회수는 과연 어떻게 올라가는 것일까?

유튜브에서 동영상 조회수는 사람들이 동영상을 시청한 횟수를 나타낸다. 동영상의 전반적인 인기도를 측정하는 데 사용되는 중요한 기준이다.

일단 공식적으로 유튜브 영상 조회수 카운팅 알고리즘은 알려진 것이 없다. 이유는 조회수 카운팅 알고리즘을 활용하여 의도적으로 조회수를 올리는 것을 막기 위함이다. 알고리즘 역시 지속적으로 새로운 요소를 반영하고 있어 일정한 패턴을 익혀 조회수를 올리는 것은 사실상 불가능하다.

우리 눈에 보이는 영상의 조회수는 실시간으로 집계되는 것이 아니다. 영상 업로드 초반 실시간으로 조회수가 올라가는 것처럼 보인다. 하지만 실제로는 유튜브 시스템에서 정당한 조회수와 부당한 조회수를 판별하는 데 다소 시간이 걸린다. 그렇기 때문에 동영상이 게시되고 처음 몇 시간 동안은 시스템이 작동하고 있어도 정당한 조회수 업데이트에 시간 차이가 발생할 수 있다.

조회수 집계는 지속적으로 진행된다. 유튜브에서 조회수의 유효성을 수시로 검증하기 때문에 조회수가 언제나 변경될 수 있다는 점을 주의해야 한다.

또한 일부 동영상의 경우 조회수 집계가 정지되거나 예상과 달리 모든 조회수가 표시되지 않을 수 있다. 동영상 조회수는 콘텐츠 크리에이터, 광고주, 시청자에게 공정하고 긍정적인 사용 환경을 유지하기 위해 알고리즘에 따라 검증된다. 그리고 유튜브는 조회수가 정확한 실제 값인지 확인하기 위해 일시적으로 집계 속도를 줄이거나 정지, 조회수를 변경하며 품질이 낮은 재생 횟수를 삭제하기도 한다.

추천 영상 알고리즘

유튜브 메인 화면 내 추천 영상

유튜브에 접속하면 첫 페이지에 영상들이 노출된다. 유튜브를 시청하다 보면 내가 보는 영상 옆에 다음 영상들이 노출된다. 이 영상 목록을 '추천 동영상'이라고 한다.

유튜브는 시청 시간을 늘리기 위해, 시청자들이 좋아할 만한 영상 콘텐츠를 지속적으로 추천한다. 추천 영상의 원리는 다음과 같다.

- 시청자들이 해당 영상 시청 이후 많이 본 다른 동영상

- 현재 시청 중인 영상과 관련이 있는 주제의 동영상 (같은 채널의 동영상일 수도 있고, 다른 채널의 동영상일 수도 있다.)

- 시청자의 과거 시청 기록에 있는 동영상

추천 동영상은 영상 시청 페이지 오른쪽의 '다음 동영상' 하단에 노출된다. 모바일 앱의 경우 시청 중인 동영상의 아래에 표시된다. 자동재생 시에는 다음 동영상으로 재생된다.

(좌) 유튜브 PC 화면에서의 영상 재생 시 추천 영상 / (우) 유튜브 모바일 앱에서의 영상 재생 시 추천 영상

이를 통해 추천 영상 목록이 생성된다. 우리가 유튜브를 이용할 때 구독하고 있는 채널의 영상, 즐겨보던 영상과 유사한 영상들이 지속적으로 추천되어 보여지는 것이다. 야구를 즐겨보는 유저에게는 야구 관련 동영상이, 만화를 자주 보는 유저에게는 만화 관련 영상이 계속해서 노출된다.

유튜브가 시청 이력을 파악하는 원리는 로그인 유무에 따라 다소 다르다. 먼저 시청자가 로그인 상태로 영상을 보면 유튜브 시스템에는 시청한 영상의 이력이 모두 남는다. 여기서 어떤 주제의 영상을 보았는지, 해당 영상이 업로드된 채널은 무엇인지, '좋아요' 또는 '공유' 등 관심을 표현한 영상은 어떤 것인지 등을 분석해 관련 영상을 지속적으로 추천한다.

비로그인 상태는 브라우저의 쿠키값으로 사용자를 규정하는데, 이후 쿠키값을 기준으로 동일 유저인지 파악한 후 시청 이력을 추적하는 원리와 방식은 로그인한 경우와 동일하다. 시청 기록이 없는 유저에게는 유튜브 접속 시 해당 국가의 인기 동영상이 추천된다.

이렇듯 추천 영상은 유저의 시청 이력을 바탕으로 추천되기 때문에 만약 유튜브 시청 시 이와 같은 방식의 영상 추천을 원치 않는다면 다음과 같이 설정하면 된다. 해당 영상이 있는 채널의 구독을 취소하거나 영상 시청 기록을 삭제하고 검색어 이력, 브라우저 쿠키 값을 삭제하면 된다.

또한 유튜브의 추천 시스템에서는 영상 시청 시간을 매우 중시한다. 시청 시간이 긴 영상은 '동영상의 품질이 좋고 재미있다'고 여겨 높은 점수를 준다. 또는 영상을 시청한 이후 다음 영상을 어떤 것을 볼지 추적해 추천 영상의 기회를 확대한다.

이런 추천 영상 기능을 활용하여 다른 영상이 재생되는 동안 관련 동영상 추천 목록의 우리의 영상을 노출하여 유저의 조회를 유도해보자.

인기 영상 알고리즘

유튜브에 접속하면 유튜브 홈피드(메인 페이지), 인기 영상, 구독 이렇게 크게 세 가지의 카테고리를 확인할 수 있다. 인기 영상 카테고리에서는 현재 유튜브 내에서 가장 인기가 많은 영상들이 노출된다.

국내 유튜브의 인기 영상 리스트

인기 영상 탭을 통해 유튜브와 전 세계에서 어떤 일이 일어나고 있는지를 알 수 있다. 인기 급상승 동영상 목록은 약 15분마다 업데이트되며, 그때마다 목록의 동영상 순위가 오르거나 내려가거나 그대로 유지된다.

특정 기간에 유튜브에 업로드된 여러 신규 동영상 중에 인기 급상승 동영상은 극히 일부의 신규 동영상들만 표시된다. 인기 급상승 동영상에는 사람들이 많은 관심을 갖고 시청하는 주제의 영상들이 노출되며, 인기 아티스트의 신곡이나 신작 영화 예고편처럼 새로 공개된 인기 가수, 배우의 영상도 단골로 등장한다.

인기 급상승 동영상을 선정하는 기준

- 다양한 시청자의 관심을 끄는 동영상
- 현혹적이거나 클릭을 유도하거나 선정적이지 않은 동영상
- 유튜브와 전 세계에서 일어나고 있는 일들을 다루는 동영상
- 크리에이터의 다양성을 보여주는 동영상
- 흥미와 새로움을 느낄 만한 동영상

유튜브는 조회수, 동영상 조회수 증가속도, 조회수가 발생하는 소스, 동영상 업로드 기간 등 다양한 신호를 분석하여 인기 급상승 동영상 목록에 동영상을 노출한다.

이렇게 다양한 요소들을 통해 인기 급상승 동영상 목록이 형성된다. 그렇기 때문에 특정일에 가장 높은 조회수를 올린 동영상이 인기 급상승 동영상 순위에서 1위를 차지하지 못할 수도 있다. 또, 조회수가 더 높은 동영상이 낮은 동영상보다 하위에 표시될 수 있다.

▶ 개인채널? 브랜드채널? 유튜브 채널 계정 이해하기

유튜브 채널 계정이란?

이번 챕터에서는 유튜브 채널 계정에 대해 자세히 알아보도록 하자. 유튜브 채널이란 유튜브 플랫폼 내 영상을 직접 올릴 수 있는 자체적인 공간이다. 채널을 생성하기 위해서는 유튜브 채널 계정이 필요하다. 채널 계정은 크게 브랜드 계정과 개인 계정으로 두 가지로 나눌 수 있다.

개인 계정은 개인이 직접 운영하며 채널을 관리할 때 활용할 수 있는 계정이다. 브랜드 계정은 기업 혹은 브랜드 자체에서 다수가 관리하기 쉽도록 활용할 수 있는 계정이다. 그렇다면 두 계정의 차이점은 무엇일까?

첫 번째 차이점은 계정 생성 시 이름을 설정하는 방법이 다르다는 것이다. 개인 계정은 성과 이름으로 나눠져 있으며, 브랜드 계정은 채널 이름을 하나로 입력하여 브랜드 계정을 생성할 수 있다.

(좌)개인 계정 프로필 설정 / (우) 브랜드 계정 프로필 설정 방식

두 번째 차이점은 브랜드 계정의 경우 여러 명에게 채널의 권한을 줄 수 있으며, 개인 계정은 한 계정으로 한 채널만 관리할 수 있다는 것이다.

기업의 경우 기업관리자, 유관 마케팅 부서에서 관리하는 채널이 대부분일 것이다. 이런 경우 개인 계정으로 채널을 생성하였다면 로그인 정보를 유실하거나 혹은 퇴사하여 접근이 어려워지는 경우도 심심치 않게 있다. 이런 상황을 방지하기 위해서는 '조직' 차원에서 브랜드 계정으로 계정을 관리하는 것이 적합하다. 관리자 권한 여부도 유동적으로 관리 가능하기 때문에 보안에도 매우 철저히 대비할 수 있다. 그렇다면 지금부터 개인 계정과 브랜드 계정 생성하는 방법을 알아보도록 하자.

유튜브 채널 계정 생성 방법

유튜브에 로그인하여 채널 만들기

가장 기본이 되는 유튜브 채널 계정 생성을 위해서는 우선 구글 아이디 생성이 먼저다. 생성된 구글 아이디로 로그인한 후 처음 유튜브 접속을 하면, 채널 생성이 되어 있지 않은 상태이기 때문에 채널을 만들어줘야 한다. 아래 이미지와 같이 유튜브 홈에서 우측 상단의 [프로필]을 클릭한 후 [채널 만들기]를 클릭하면 채널 계정 생성을 시작할 수 있다.

우측 상단 프로필 클릭 시 노출되는 화면

개인채널 / 브랜드채널 만들기

[채널 만들기]를 클릭한 후 아래에 팝업이 뜨면 [시작하기]를 클릭한다. 그러면 개인채널과 브랜드채널 둘 중 어떤 채널을 만들지 선택하는 추가적인 팝업이 뜬다.

[채널 만들기] 클릭 후 [팝업 창 시작하기] 클릭

어떤 종류의 채널을 생성할 것인지 선택

여기서 두 가지 방식으로 채널 생성이 가능한데 [내 이름 사용]은 개인 계정, [맞춤 이름 사용]은 브랜드 계정을 생성할 수 있다. 하나의 구글 계정으로는 개인 계정은 하나만, 브랜드 계정은 여러 개를 생성할 수 있다. 해당 단계에서 자신이 만들고자 하는 계정 빙식을 선택해 채널명을 설정해주면 채널 생성이 완료된다.

이미 개인 계정으로 생성하여 브랜드 계정으로 변경하는 것이 불가능하지 않을까 불안해하지 않아도 된다. 기존에 개인 계정으로 생성했더라도 브랜드 계정을 만들 수 있기 때문이다.

브랜드 계정 추가하기

브랜드 계정의 경우 개인 계정을 이미 생성했더라도 아래 이미지와 같이 추가적인 브랜드 계정을 만들 수 있다.

01

유튜브에 접속한 후 우측 상단의 프로필 이미지를 클릭한 후 [설정]을 클릭한다.

프로필 탭 내 설정 클릭

02

아래와 같은 화면이 뜨면 '내 채널' 중 [새 채널 만들기] 또는 [채널 추가 또는 관리]를 클릭한다. (*기존에 브랜드 계정을 가지고 있다면 채널 추가 또는 관리 라는 카테고리로 노출)

계정 '새 채널 만들기' 클릭

03

브랜드 계정 이름 작성

브랜드 계정 이름을 작성하고 [만들기] 버튼을 클릭하면 브랜드 계정이 생성된다. 유튜브 채널명은 최초 설정한 이후 변경은 가능하다. 하지만 90일에 3번만 가능하니 신중하게 만들어야 한다. 또한 특히 채널명을 생성할 때는 자신의 유튜브 채널의 특징을 잘 드러내어 만드는 것이 좋다.

브랜드 계정 이름 생성 화면

브랜드 계정 운영 관리자 추가하기

브랜드 계정의 경우 사용자 한 명만 채널 관리 권한을 갖는 것이 아닌 다수의 사용자가 채널을 관리하며 운영할 수 있다. 그렇다면 브랜드 계정에 관리자를 추가하는 방법을 알아보도록 하자.

01

관리자 추가 또는 삭제 메뉴 클릭
유튜브 우측 상단의 [설정]을 클릭한다. 그 후 [내 YouTube 채널] - [채널 관리자] - [관리자 추가 또는 삭제]를 클릭한다.

계정

YouTube에서 나를 표현하고 YouTube를 보는 방식을 선택하세요

adsglink@gmail.com(으)로 로그인

내 YouTube 채널

채널은 YouTube에 공개되는 나의 공간입니다. 동영상을 업로드하고, 동영상에 댓글을 달고, 재생목록을 만들려면 채널이 필요합니다.

내 채널

 굴팅크미디어
Google에서 수정하기

채널 상태 및 기능
채널 추가 또는 관리
고급 설정 보기

채널 관리자

관리자 추가 또는 삭제
브랜드 계정 세부정보 페이지로 연결됩니다.
관리자는 시청 기록을 비롯한 전체 채널에 액세스할 수 있습니다.

채널 관리자 추가 방법1

02

권한 관리 클릭

[관리자 추가 또는 삭제] – [사용자] – [권한 관리] – [새 사용자 추가]를 클릭한 후 추가하고자 하는 사용자의 이메일 주소를 입력한다. (*여기서 주의할 점은 본인 인증 후 관리자 추가가 가능하기 때문에 브랜드 본 계정의 ID, 패스워드는 반드시 알고 있어야 한다는 것이다.)

채널 관리자 추가 방법2

03

본인인증(*이 단계에서는 로그인 및 인증절차가 필요하다)을 한 후 사람(+) 아이콘을 클릭하여 내가 추가하고자 하는 사용자 이름 또는 이메일 주소를 추가하기만 하면 초대가 가능하다.

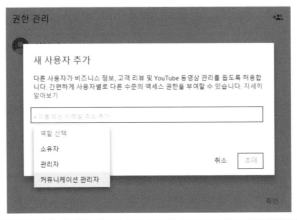

채널 관리자 추가 방법3

권한 역할에는 총 3가지(소유자, 관리자, 커뮤니케이션 관리자) 타입이 있으며 각 역할별 권한은 아래와 같다.

브랜드 계정 관리자 역할 권한			
관리권한	소유자	관리자	커뮤니케이션 관리자
관리자 추가/ 제거	○	×	×
계정 삭제	○	×	×
프로필 수정	○	○	×
유튜브 동영상 및 행 아웃 온에어 관리	○	○	×
대부분의 다른 작업	○	○	○

개인 계정을 브랜드 계정으로 이전하기

이미 생성해 버린 개인 계정을 브랜드 계정으로 이전하고 싶다면? 아래와 같은 방법을 이용해 브랜드 계정으로 변경할 수 있다. 어려운 부분이 아니므로 천천히 따라해보도록 하자.

01

유튜브 채널 로그인 〉[고급설정] 탭 클릭

계정 이전은 [고급설정] 탭에서 진행한다. [고급 설정] 탭에서 [채널 이전] – [브랜드 계정으로 채널 이전]을 클릭한다.

브랜드 계정 이전 방법1

02

인증 절차가 끝난 이후의 화면이다. 현재 브랜드 계정이 없는 상태라면 브랜드 계정을 우선적으로 생성하자. (* 앞의 '브랜드 계정 추가하기'를 참고)

브랜드 계정 이전 방법2

03

계정 이전 구조

브랜드 계정을 생성했다면, 아래와 같이 하단에 브랜드 계정이 나타나는 것을 확인할 수 있다. 이제 계정 이전을 할 수 있는 단계로 신규로 생성한 계정을 클릭한다.

브랜드 계정 이전 방법3

04

이전할 채널을 확인한 후 기존 개인채널 삭제

클릭하게 되면 이미 채널에 연결되어 있다는 창이 나타나는데, 당황하지 말고 [채널 삭제]를 누르면 된다. 이후 구 채널과 신규 채널을 한 번 더 확인한 후 이전할 채널이 맞다면 채널 이전을 클릭한다.

브랜드 계정 이전 방법4

브랜드 계정 이전 방법5

05

[채널 이전] 클릭한 후 이전 완료

마지막으로 채널 계정을 확인해주고 [채널 이전]을 클릭하면 이전이 완료된다. 단 여기서 주의할 점이 있다. 기존 개인 계정에 쌓였던 댓글은 옮길 수 없기 때문에 이 부분은 유의하여 채널을 이전할 수 있도록 하자.

브랜드 계정 이전 방법6

브랜드 계정 이전 방법7

▶ 유튜브 크리에이터 마케팅과 MCN 산업에 대한 이해

MCN 산업이란?

구글은 유튜브의 생태계를 구성하는 요소 3가지를 광고주, 시청자, 크리에이터로 정의했다. 그만큼 해당 3요소는 유튜브 구성에 반드시 필요한 존재이다. 그중에서도 현재 가장 많은 주목을 받고 있는 것이 바로 '크리에이터' 시장이다. 국내 시장에서는 2015년도부터 크리에이터 시장이 급격하게 성장하게 됐다. 특히 유튜브 내에서의 크리에이터 영향력이 커짐에 따라 개인 크리에이터들이 잘 성장할 수 있도록 관리해주는 생태계 공간인 MCN이 등장했다.

MCN(Multi Channel Network)은 다중 채널, 다중 채널 네트워크 방송 등으로 정의할 수 있다. 쉽게 말해 계약을 통해 크리에이터들을 관리하고 소속 크리에이터가 성장할 수 있도록 지원해주는 하나의 매니지먼트 사업이다. MCN을 지칭하는 의미는 매우 광범위하나 필자가 이 챕터에서 심도 있게 다뤄볼 주제는 유튜브 크리에이터이다.

앞서 말한 MCN이 활동하는 영역은 동영상 플랫폼, 인터넷 방송 등으로 매우 다양하다. 그중에서도 주요 활동 플랫폼으로 손꼽을 수 있는 매체는 유튜브이다. 아래 이미지와 같이 유튜버 키워드 검색량은 매년 증가 추세를 보이고 있다. 그만큼 소비자들의 관심도는 나날이 증가하고 있다고 봐도 무방하다.

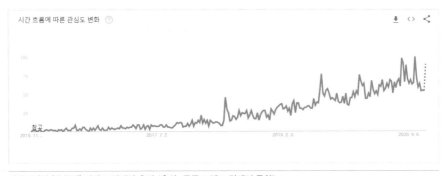

최근 5년간 '유튜버' 키워드 검색량 추이 (출처: 구글 트렌드 검색어 동향)

유튜브 크리에이터 마케팅이란?

기존 국내 온라인 마케팅 시장에는 인플루언서 마케팅의 영향력이 매우 컸다. 인스타그램 페이스북 위주의 파워 인플루언서를 활용한 마케팅 기법이 매우 활발한 상황이었다. 유튜브의 영향력이 커지기 이전까지만 해도 말이다. 현재는 그 판도가 180도 유튜브 중심의 마케팅으로 변화됐다. 그것이 바로 오늘 소개할 주제인 유튜브 크리에이터 산업이다.

유튜브 크리에이터 마케팅이란 브랜드가 크리에이터와 협업하여 진행되는 마케팅이다. 브랜드 콘텐츠를 제작하거나 직접 광고 모델로 기용하여 CF를 찍는 등 다양한 방식으로 운영하고 있다. 일반적으로 네이티브 광고와 브랜디드 콘텐츠, PPL 형식으로 나눠져 있다. 이러한 방식의 유튜브 크리에이티브 마케팅은 해가 갈수록 값비싼 연예인 모델보다는 영향력 있는 크리에이터 모델 섭외가 증가하고 있는 추세이며 그 영향력은 나날이 커지고 있다.

특히 10대들 사이에서는 연예인보다 크리에이터의 인지도가 높을 정도이다. 그로 인해 다양한 브랜드에서는 크리에이터를 모델로 기용하는 등의 다양한 형태로 소비자와 접점을 찾아가고 있다.

그렇다면 어떤 형식으로 유튜브 크리에이터 마케팅이 진행되고 있는지 실제 사례를 예로 들어서 살펴보도록 하자.

모 놀이동산 아르바이트 생으로 입담과 재치를 겸비한 유튜브 크리에이터 윤쭈꾸. 그는 본인이 가지고 있는 장점을 살려 신나는 음악과 특유의 춤을 선보이면서 버거 브랜드인 맘스터치와 광고 영상 콜라보레이션을 진행했다. 윤쭈꾸 특유의 말투, 재치 있는 동작으로 소비자들에게 큰 관심을 얻었고 해당 영상은 유튜브 내에서도 700만뷰 이상을 기록하고 있다. 이렇듯 소비자들이 친숙한 크리에이터를 CF 모델로 기용하면서 제품에 대한 관심도, 인지도 상승에 큰 영향을 미치고 있다.

맘스터치 포테이토 버거 (크리에이터 윤쭈꾸 콜라보 콘텐츠)

2019 맘스터치 포테이토버거 TVCF (30s)
조회수 7,167,432회 · 2019. 11. 28.   👍 1.1천   👎 81   ↗ 공유   ▤⁺ 저장   ···

맘스터치x크리에이터 윤쭈꾸 콜라보 콘텐츠

다음 사례로 소개할 콘텐츠는 필자가 본 유튜브 콘텐츠 중 가장 기억에 남은 영상이다. 국내 생활용품 생산업체인 'LG생활건강'과 유튜브 크리에이터 채널인 반도의 흔한 애견 샵 알바생으로도 유명한 인플루언서 '호짜'의 광고 콘텐츠 영상이다. 약 2년 전 영상이지만 지금까지도 꾸준한 인기로 높은 조회수를 기록하고 있다.

유튜브 채널 '호짜'는 본인의 코믹스러운 연기력과 음악을 콜라보하여 한 편의 뮤직비디오를 연상하는 콘텐츠를 만들었다. 자극적일 수 있는 스토리를 매우 코믹스럽게 풀어내면서 시청자들의 눈길을 사로잡았다. 중독성 있는 멜로디로 유저들 사이에서 자연스럽게 바이럴이 되며 브랜드 인지도도 함께 높인 사례로 꼽을 수 있다. 해당 영상은 조회수 400만 회를 달성하는 등 브랜드에 매우 높은 영향력을 끼친 사례로 바이럴 측면에서도 유의미한 성과를 나타낸 사례이다.

LG생활건강 FUJI (크리에이터 호짜 콜라보 콘텐츠)

[호짜광고]본격 LG 빡치게하는 노래(JPN/ENG SUB)

조회수 4,080,111회 • 2018. 4. 19.　　　　　　　　　　　　👍 6.3만　👎 1.6천　↗ 공유　⤓ 저장　•••

LG생활건강x크리에이터 호짜 콜라보 콘텐츠

우리나라 MCN 산업과 관련 기업

국내 MCN 산업은 2013년 CJ ENM이 최초로 런칭한 다이아TV를 시작점으로 지속적으로 성장하게 됐다. 이후 매년 30~40% 성장세를 보이면서 MCN 산업은 국내 동영상 플랫폼 성장에 큰 기여를 하고 있다. 특히 미디어 시대의 핵심 소비층인 10대의 장래희망을 조사했을 때 크리에이터가 3위에 자리할 정도로 국내에서는 매우 큰 영향력을 가지고 있다. 반면 핵심 미디어로 불리던 TV의 영향력은 날이 갈수록 감소하고 있는데, 이렇듯 자연스럽게 광고 시장의 중심축은 디지털로 이동하고 있다.

2020년 7월 기준 유튜브에서 광고 수입을 받는 유튜브 채널은 약 5만 개 정도로 국내 방송 업종 종사자 수와 맞먹는 규모로 증가세를 보이고 있다. 그만큼 2020년도 크리에이터에 도전하는 소비자들이 늘어나고 있다. 하지만 그만큼 경쟁도 매우 심화되어 매우 많은 유튜브 채널 사이에서 살아남기 위해 MCN 사업자들은 자신들만의 영역을 확장해 나가고 있다. 콘텐츠 사업뿐만 아니라 더 나아가 커머스 사업까지 확장하는 등 산업규모를 점차 확장해 나가고 있는 상황이다.

현 시점에도 국내에는 수많은 MCN 기업들이 생겨나고 있는데, 그중에서도 국내 주요 MCN 기업에 대해 소개해보고자 한다. 어떠한 기업들이 있으며 각 기업별 특징은 무엇인지 자세히 설명하도록 하겠다.

1) 다이아TV

CJ ENM에서 운영하고 있는 크리에이터 전문 기업이다. 2020년 기준 소속 크리에이터는 1,400명 정도로 국내 TOP MCN 기업이라고 할 수 있다. 소속 크리에이터들과 협업할 뿐만 아니라 저작권, 영상 제작, 퀄리티 등 다양한 문제점을 해결할 수 있는 완벽한 프로세스를 갖춘 회사다.

최근 다이아TV가 런칭한 커머스 쇼핑몰인 다이아마켓과 유튜브 상품 기능의 연동이 가능해지면서 커머스 산업에 한발 앞서가는 강점을 가진 기업으로 성장했다.

☑ 메인 크리에이터: 서은이야기, 유라야놀자, 입짧은햇님, 잠뜰TV, 임영웅, 허팝Heopop, 감스트

2) 샌드박스 네트워크

유튜브를 대표하는 크리에이터 도티가 공동 창업한 기업으로 유명한 샌드박스이다. 크리에이터와 채널 성장을 위해 체계적인 교육과 컨설팅을 제공한다. 스튜디오와 전문 제작자를 겸비하여 크리에이터 자체적으로 브랜드를 구축할 수 있도록 도움을 준다.

2020년을 기준으로, 샌드박스는 총 431명의 크리에이터가 소속되어 있다. 특히 최근에는 다양한 광고 상품 등을 런칭하여 크리에이터와 협업 관계를 맺고 있다. 이로써 유튜브 내에서 콘텐츠 인기도를 높이는 측면에서도 활용할 수 있는 기회 등을 만들어가고 있다.

☑ **메인 크리에이터: 떵개떵, 엠브로, 장쀼쭈, 총몇명, 흔한남매, 유병재, 카피추, 토깽이네 등등**

3) 트레저헌터

2015년 국내 최초 단일 MCN 사업자로 시작하여 글로벌한 크리에이터 성장에 집중하고 있는 기업이다. 특히 국내뿐만 아니라 중국, 동남아시아 거점의 마케팅 & 커머스 사업을 하고 있다. 국내 및 아시아 크리에이터 채널 등 5,600명의 크리에이터와 함께 협업하고 있다.

2020년도에는 커머스 산업까지 확대하면서 산업에 대한 영향력을 키우고 있다.

☑ **메인 크리에이터: Aran Tv, BOB, 기승전세나**

4) 아이스크리에이티브

뷰티, 패션, 라이프스타일 중심의 인플루언서 전문 소속사로, 인지도 높은 뷰티 유튜버들이 소속된 것이 이 기업의 강점이다. 최근 이런 경쟁력을 기반으로 라이프스타일 브랜드 '도앤다스(DOENDAS)'를 런칭해 오픈과 동시에 제품이 완판되는 큰 성공을 거뒀다. 단순히 콘텐츠 측면이 아닌 소속 크리에이터들과 자체 브랜드 사업 등에 대한 부분을 활발하게 진행하고 있다.

☑ **메인 크리에이터: 홀리, 이사배, 씬님, 라뮤끄, 레나, 다영 등**

5) 레페리

전체 카테고리를 아우르는 타 기업들과는 차별화된 레페리의 강점은 '뷰티 인플루언서 비즈니스 그룹'이다. 국내 최초로 육성 시스템을 도입하여, 기존의 메가급 크리에이터 관리뿐만 아니라 유튜브 크리에이터를 육성하고 관리하고 있다. 소속 크리에이터는 약 280명으로 뷰티 디지털 마케팅의 강자라고 할 수 있다.

☑ **메인 크리에이터: 유나, Saerom Min개코의 오픈스튜디오, 에바, 데이지, 메이드 인 미아**

6) 유커넥

광고주와 크리에이터를 연결하는 MCN 마케팅 자동화 서비스를 선보인 기업이다. 애드테크를 기반으로 한 산업을 중점적으로 진행하고 있다.

또한 유커넥 플랫폼을 통해 브랜드에서 직접 크리에이터, 제작 관리, 캠페인 성과를 확인할 수 있어 브랜드 니즈에 최적화된 콘텐츠 제작이 가능하다. 뿐만 아니라 채널 운영 대행 등에 대한 마케팅도 함께 진행하고 있으며 다양한 레퍼런스를 보유하고 있다. 메가급 인플루언서부터 마이크로 인플루언서까지 풀이 넓다는 것이 장점이다.

크리에이터 수익 구조 알아보기

MCN 산업의 큰 수익 모델 중 한 부분은 바로 동영상 플랫폼을 통한 채널 내 광고 수익 배분이다. 일반적으로 동영상 플랫폼마다 수익 배분 구조에 차이가 있지만 유튜브 기준으로 MCN이 가져가는 광고 수익 배분율은 40%~55% 정도이다.

이 외에도 추가적으로 수익을 얻을 수 있는 방법이 있다. 브랜드와의 브랜디드 콘텐츠, PPL 형식 등의 콘텐츠를 제작하고 브랜드로부터 일정한 금액을 받는 방식이다. MCN 기업에서 크리에이터 규모(채널 구독자, 조회수 등 유튜브 채널 활성화 기준)에 따라 단가를 나눠 판매되고 있다.

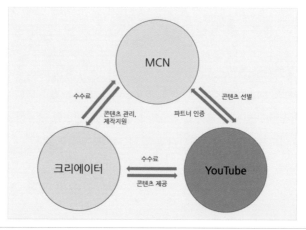

MCN, 크리에이터, 유튜브 3자 간 수익 구조 (출처: 박지혜, "국내 1인 미디어시장 현황 및 발전 가능성")

그렇다면 각각 어떠한 구조로 광고 수익이 분배되는지 자세히 알아보도록 하자.

1) 유튜브 영상 조회수 광고 수익

이는 말 그대로 MCN 기업에 소속되어 있는 크리에이터들이 채널 수입으로 벌어들이는 수입을 분배하는 구조이다. 일반적으로 MCN과 크리에이터 간 분배율은 약 1:9로 영상 조회수를 통한 광고 수익은 대부분 유튜버의 몫이며 MCN으로 돌아오는 수익은 한정적이다.

2) 브랜디드 콘텐츠, PPL, 크리에이터 섭외

MCN 기업이 유튜브 영상 조회수 기반 광고 외적으로 수익을 얻는 마케팅 기법이다.

☑ 브랜디드 콘텐츠

브랜드 제품과 관련된 내용을 기획하고 송출하는데 유튜브 채널 기존 컨셉은 유지하고 광고주 제품에 집중해 노출시키는 형태를 일컫는다. 하나의 브랜드를 집중적으로 홍보하는 방식이다.

현 시점의 브랜디드 콘텐츠는 많은 기업에 중요한 마케팅 수단 중 하나로 자리잡았다. 아래에보이는 팀 브라더스의 콘텐츠 역시 막걸리 브랜디드 콘텐츠를 영상으로 제작했다. 그들의 컨셉은 유지하면서 막걸리 홍보를 자연스럽게 이끌어냈다.

팀 브라더스 브랜디드 콘텐츠

☑ PPL

이름 그대로 유튜브 채널에 크리에이터가 진행하고자 하는 영상에 자연스럽게 제품을 노출시키는 형태를 말한다. 간접 광고 콘텐츠 형태로 광고임을 직접적으로 밝히지 않고 자연스럽게 노출시킬 수 있는 장점이 있다.

아래 영상의 경우 '짧은대본' 웹드라마 채널로, 연애스토리 내 자연스러운 제품 홍보가 함께 녹여져 있는 콘텐츠이다. 이렇듯 간접 광고 PPL은, 대놓고 제품을 홍보하지는 않지만 시기 적절하게 제품을 노출시키면서 브랜드 광고를 진행하는 것을 일컫는다.

짧은대본 웹드라마 중 PPL 장면

크리에이터 채널에 브랜드를 노출시키는 것이 아닌 브랜드의 유튜브 채널에 직접 등장하는 형태의 광고이다. 브랜드 측에서 저작권을 가질 수 있고 브랜드채널 형식에 맞춰 제작이 가능하다는 장점이 있다.

크리에이터 도티가 직접 브랜드채널에 등장하여 브랜드를 홍보하는 영상을 제작했다. 앞서 말한 바와 같이 브랜드 자체에 저작권을 소유하고 있기 때문에 편집 등에 대한 제한이 없다.

브랜드채널 내 크리에이터 섭외

마케팅 기법은 앞서 설명한 3가지의 구조로 나눠져 있다. 플랫폼 배분 광고 수익은 아래 이미지와 같은 구조로 수익을 분배하게 된다. 이 과정에서 수수료 및 단가 기준 등은 기업, 업종 별로 상이하기는 하나 통상적으로 진행되는 수수료율로 참고하면 된다.

플랫폼 배분 광고 수익 (출처: 미디어 미래 연구소)

▶ YouTube 관련 분석 도구(Tool) 소개

유튜브 영상 플랫폼의 인기가 치솟으면서 글로벌 및 국내 유튜브 채널 분석에 도움이 되는 다양한 서비스를 하는 기업이 생겨나고 있다. 해당 서비스들은 유튜브 채널 운영 시 채널을 분석하거나 성과를 측정하기 매우 편리한 분석 도구(Tool)이다. 또한 다른 경쟁사 채널도 함께 참고할 수 있다. 단, 이 서비스들은 유튜브 채널 크롤링을 통해 데이터를 추정하고 있으므로 참고하는 정도로만 활용하도록 하자. 그러면 어떤 도구들이 있는지 자세히 살펴보도록 하자.

녹스인플루언서 (https://kr.noxinfluencer.com/youtube/search)

녹스인플루언서(NoxInfluencer)는 크리에이터 발굴, 크리에이터의 채널 분석 등 다양한 인플루언서 마케팅 서비스 및 유튜브뿐만 아니라 타 SNS 채널 데이터 분석, 채널 비교 분석, 실시간 구독자 & 조회수 등 다양한 정보를 제공하여 크리에이터 채널 성장에 도움을 주는 통계 분석 서비스이다. 기본적으로 무료 회원도 다양한 정보 확인이 가능하니 채널 운영 시 참고하여 운영해볼 수 있도록 하자.

☑ **제공 서비스(무료 회원 기준): SNS 채널 인기 순위 리스트 / 채널 통계 / 시청자 분석 / 동영상 분석**

녹스인플루언서 메인 화면

소셜러스 (https://socialerus.com/ranking/)

소셜러스(Socialerus)는 아시아권 최초로 유튜브 빅데이터 랭킹 및 분석 서비스를 런칭하였으면 풍부한 데이터와 기술력이 축적되어 있는 사이트이나. 테마별로 유튜브 채널 랭킹을 확인할 수 있으며 아시아권 유튜브 채널에 대한 정보도 제공된다.

☑ 제공 서비스(무료 회원 기준): 분야별 랭킹 / 최근 성장 데이터 / 1일 기준 채널 성장률 / 최신 영상 데이터 / 구독자 일자별 데이터(1개월)

소셜러스 메인 화면

구글 트렌드 (https://trends.google.co.kr/trends/?geo=KR)

구글에서 자체적으로 제공하는 키워드 검색량 확인 서비스이다. 구글은 우리가 검색하는 모든 데이터를 수집하고 있어서, 해당 사이트에서는 현 시점 최신 인기 검색어부터 연도별 가장 많이 검색된 인물, 뉴스, 카테고리별 인기 검색어까지 확인할 수 있다. 그렇기 때문에 경쟁사 추이도 빠르고 쉽게 확인할 수 있는 장점이 있다.

☑ 제공 서비스(무료 회원 기준): 검색어 관심도 변화 / 관련 검색어 / 관련 주제 / 지역별 관심도/ 인기 급상승 검색어

구글 트렌드 특정 키워드 검색 시 노출 화면

Keyword Tool (https://keywordtool.io/youtube)

'키워드 툴'은 유튜브 광고 집행 시 키워드 타겟팅에 유용하게 활용할 수 있다.

그리고 채널 영상 업로드 시 키워드 선점에도 매우 도움이 된다.

내가 원하는 키워드를 선택하여 검색하면 해당 키워드와 관련 있는 유튜브 내 관련 키워드 리스트를 확인할 수 있다. 해당 리스트는 유튜브에서 활발하게 검색되고 있는 관련 키워드를 보여주기 때문에 다양한 방법으로 활용 가능하다.

다만 무료로 사용 시 이용 가능한 서비스가 제한되어 있다. 따라서 상세한 키워드 노출 볼륨, CPC 등을 알고 싶을 경우 유료 회원으로 등록해야 한다.

☑ **제공 서비스(무료 회원 기준) : 검색하고자 하는 키워드 관련 키워드 리스트(유튜브, 구글, 아마존 등 원하는 지면 선택 가능)**

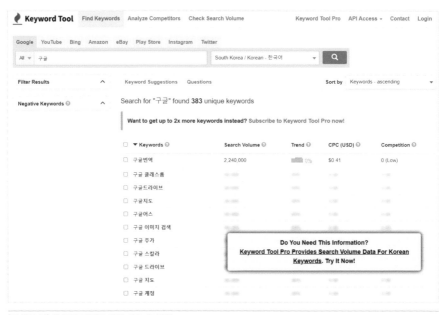

'키워드 툴' 내 특정 키워드 검색 시 노출 화면

Tags for YouTube

유튜브 영상 내 태그를 확인할 수 있는 확장 프로그램 툴이다. 해당 프로그램은 구글 크롬 브라우저에서만 활성화되는 점을 필수로 참고하고 있도록 하자. 툴을 설치하면 유튜브에서 시청하는 영상의 카테고리 하단에 영상에 쓰인 태그가 노출되어 영상별로 어떤 태그를 사용했는지 확인할 수 있다.

☑ **제공 서비스(무료 회원 기준) : 유튜브 영상 하단 태그**

Tags for YouTube 설치 후 활성화되는 태그 영역

▶ 유튜브 광고 입문 & 용어 정리

유튜브에서 영상을 시청할 때 '광고'라고 표기된 추천 영상들을 한 번쯤은 보았을 것이다. 혹은 영상 시청 시 영상 전, 후, 중간에 스킵 가능한 광고들을 보았을 것이다. 이런 광고들은 어떻게 시작하고 운영하면 될지 이번 챕터를 통해 알아보자.

☑ 대세는 유튜브 광고

다수의 기업들이 영상을 활용해 적극적인 온라인 마케팅을 진행하고 있다. 언론 보도 기사를 통해서도 영상 조회수 100만 돌파, 500만 돌파, 1000만 돌파의 소식을 어렵지 않게 접할 수 있다. 영상 마케팅의 핵심 KPI(광고 목표)는 조회수로, 이 조회수의 핵심에는 유튜브가 자리하고 있다.

이에 발맞춰 마케팅에서 유튜브의 중요성이 커지고 있는 만큼 유튜브 광고 소재도 진화하고 있다.

국내 기업들이 유튜브 마케팅을 시작했던 초기에는 15초 or 30초의 TV CF 영상을 그대로 유튜브 광고 소재로 활용하곤 했다. 하지만 이제는 브랜드 스토리, 제품 홍보의 영상을 넘어서 소비자의 흥미를 끄는 여러 가지 영상들이 만들어지고 있으며, 유튜브 광고 형식에 맞춰 센스 있게 제작된 영상들이 주를 이루고 있다.

유튜브 범퍼애드에 최적화된 피츠(Fitz)의 광고

또한 유튜브 내 인기 콘텐츠들을 접목시켜 'ASMR', 'V-LOG' 등의 영상을 광고 영상으로 활용하고, 크리에이터와 협업하여 브랜드 콘텐츠를 만들거나 그들을 직접 광고 모델로 기용해 CF를 찍는 방식까지 확장되고 있다.

☑ 유튜브 광고, 왜 필요한가?

이렇게 잘 만들어진 광고 영상들은 유튜브에 업로드한다고 해서 자동적으로 우리가 원하는 타겟에 노출되지 않는다. 지금도 수백 개의 카테고리에 엄청나게 많은 영상들이 업로드되고 있다. 유튜브 발표에 따르면 '1분에 약 400시간' 분량의 영상들이 업로드된다고 한다. 이러한 환경에서 잘 만들어진 광고 영상을 더 많은 사람들에게 노출하기 위해서는 유튜브 광고가 필요하다.

앞서 말했듯이 유튜브에서 영상을 시청했던 경험이 있다면 누구나 한 번쯤은 '5초 후 건너뛰기'라는 문구가 달린 영상을 본 적이 있을 것이다. 이외에도 시청하고 있는 영상 하단의 '추천 영상지면' 혹은 '검색 결과 지면'에 '광고'라는 문구와 함께 썸네일 형식으로 노출되는 영상 역시 유튜브 광고의 한 종류이다. 이런 유튜브 광고는 어떻게 시작하고, 어떤 특징들이 있는지 알아보자.

구글애즈 만들기

구글애즈란?

유튜브 광고는 구글애즈(Google Ads)라는 광고 프로그램을 통해 진행할 수 있다. 구글애즈는 유튜브 광고뿐 아니라 구글 디스플레이 광고(구 GDN), 검색 광고, 쇼핑 광고, 앱 광고 등이 송출된다. 유튜브 광고를 위해서는 구글애즈에 가입한 후 '광고 계정'을 만들어야 한다. 광고 계정은 구글 이메일(Gmail)만 있다면 누구나 손쉽게 만들 수 있다.

구글의 광고 플랫폼, 구글애즈 (구글애즈 홈페이지: https://ads.google.com)

구글애즈 시작하기

구글애즈 계정은 지메일(Gmail) 계정만 있다면 위 사이트에서 3분 내로 만들 수 있다. 다만 유의해야 할 점은 기업의 광고 계정은 담당자 개인 이메일 사용을 지양해야 한다는 것이다. 간혹 회사나 기관에서 유튜브 계정 또는 구글애즈 계정을 마케팅 담당자의 개인 계정으로 가입하는 경우가 있어 담당자의 퇴사나 이직 발생 시 곤란을 겪을 수 있다. 따라서 광고 계정은 공동으로 사용할 지메일을 만드는 것이 좋고, 보안 강화를 위해 주기적으로 비밀번호를 변경할 것을 권장한다.

구글애즈 로그인 정보로 사용할 '구글 계정 만들기'

① Google.com 메인 페이지 > 로그인 > 계정 만들기 > 개인 계정 or 브랜드 계정(내 비즈니스 관리하기) 선택
② 이름, 아이디, 비밀번호, 출생년월 등 정보 기입
③ 개인 정보 및 약관 동의
④ 휴대폰 본인인증 or 완료

구글애즈 계정을 만들기 위해 구글애즈 첫 페이지(ads.google.com)로 이동한다. 구글에 구글애즈를 검색하여도 쉽게 사이트에 접속할 수 있다. 해당 페이지에서 [시작하기] 버튼을 눌러 준비한 구글 계정으로 로그인한다.

구글애즈 로그인 화면

구글애즈에 로그인한 후 설정 가이드가 나오면 가이드에 맞춰 결제 정보를 입력한다. 결제 설정의 경우 [설정 가이드 단계를 건너뜁니다]를 클릭해 이후 설정해도 된다.

구글애즈 로그인 이메일과 현재 자신이 있는 국가, 시간대, 통화를 확인한 후 저장하고 계속하기를 누르면 구글애즈 계정 생성이 완료된다.

구글애즈에서 캠페인 생성하기

유튜브 광고를 잘 하기 위해서는 광고 계정 구조를 충분히 이해하는 것이 중요하다. 계정은 '광고계정 – 캠페인 – 광고그룹 – 소재'로 구성되어, 광고 상품 선택과 타겟팅, 동영상 소재 등록 등 모든 과정이 이뤄진다.

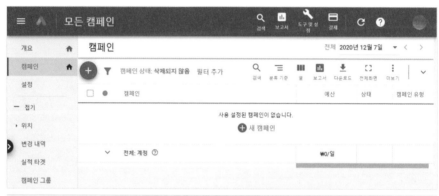

구글애즈 계정 화면

동영상 캠페인 생성과 캠페인 목표 설정

구글애즈에 접속한 후 왼쪽 카테고리 중 [캠페인]을 클릭한 후 [+새 캠페인]을 선택해 캠페인을 생성해보자. 캠페인 유형은 [동영상]으로 선택하고 [캠페인 목표]를 선택한다.

캠페인 설정 시 선택할 수 있는 광고의 목표

캠페인 목표 설정

[캠페인 목표]는 지금 생성하는 광고의 목표를 선택하면 된다. 캠페인 목표에 따른 구글의 광고 상품을 추천하거나 제안하는 것이다. 여기서 유튜브 광고 캠페인에 해당되는 목표는 [리드], [제품 및 브랜드 구매 고려도], [브랜드 인지도 및 도달범위], [목표에 따른 안내 없이 캠페인 만들기]이다.

또한 유튜브 시청자를 대상으로 일반적인 유튜브 광고를 진행할지, 유튜브 이외에 구글이 보유한 동영상 네트워크 지면에 아웃스트림(Outstream) 광고를 할지 선택할 수 있다. 일반적으로 유튜브 내 동영상 조회수 증대가 목적이라면 아웃스트림이 아닌 [표준 인지도] 캠페인을 선택해야 한다.

캠페인 세부사항 설정하기

1) 캠페인 이름 설정

이제 캠페인 이름을 정해야 한다. 동일 구글애즈 계정 내에서 여러 캠페인을 운영하는 것이 일반적이다. 그렇기 때문에 캠페인 이름은 광고 목표 및 소재 등을 한눈에 알아볼 수 있도록 명확하고 통일감 있게 짓는 것이 좋다.

특히 광고를 시작하면 성과를 높이기 위해 실시간으로 광고 지표를 보며 개선한다. 이렇게 광고 성과를 높이는 과정을 '최적화'라 부른다. 최적화를 효율적으로 하기 위해서는 캠페인 이름을 상품, 타겟팅, 기기별로 구분하는 것이 유리하다.

2) 캠페인 예산 설정

캠페인 예산은 광고비를 설정하는 매우 중요한 기능이다. [일일예산]과 [캠페인 총 예산]을 선택해 설정할 수 있는데 각각의 특징은 아래와 같다.

- **일일예산**: 하루 광고 비용을 설정하는 것으로, 하루 동안 해당 예산이 균등하게 소진되며 광고가 운영된다.

- **캠페인 총 예산**: 전체 예산(광고비)을 설정하는 것으로, 설정된 기간 내 총 광고비가 소진되면서 광고가 운영된다.

캠페인 예산 설정 화면

또한 캠페인 시작일과 종료일을 설정하여 특정 시점에 캠페인 자동으로 ON/OFF되게 운영할 수 있다. 이 기능은 휴일 혹은 자정 즈음 특정 캠페인의 ON/OFF가 필요할 때 유용하게 사용할 수 있다.

3) 캠페인 네트워크 설정

캠페인 네트워크는 영상 광고를 노출시킬 범위를 정하는 것으로, 광고 형식별로 노출 가능한 네트워크가 달라 원하는 광고 형식에 맞춰 노출범위를 선택해야 한다.

- **YouTube 검색결과**: 검색결과에 게재되며 트루뷰 디스커버리 광고만 가능하다. 트루뷰 인스트림 캠페인도 설정은 가능하나, 유튜브 검색 결과에 노출되지 않는다.

- **YouTube 동영상**: 동영상 시청 페이지, 추천 영상 영역, 유튜브 홈페이지 등에 게재되며, 트루뷰 인스트림, 트루뷰 디스커버리, 범퍼애드 등 모든 광고 형식이 가능하다.

- **디스플레이 네트워크의 동영상 파트너**: 구글과 제휴가 되어 있는 외부 동영상 파트너 지면, 모바일 앱, 언론사와 커뮤니티에 게재될 수 있다.

디스플레이 네트워크의 동영상 파트너 지면의 경우 유튜브 이외 광고 노출 지면에서 다양한 형식으로 영상이 노출되는 장점이 있다. 또한 광고 노출 지면이 광범위하기 때문에 충분한 광고 노출량과 낮은 조회당 비용(CPV, Cost Per View)으로 광고를 운영할 수 있다.

다만 이 지면을 선택 시 광고 노출이 '디스플레이 네트워크의 동영상 파트너'로 집중되어 광고 예산이 이곳에 집중 소진될 수 있다. 따라서 유튜브 시청자를 타겟팅하며 영상 확대를 목표로 한다면 '디스플레이 네트워크의 동영상 파트너' 지면 노출을 제외하는 것이 좋다.

4) 캠페인 입찰 전략 설정

입찰 전략은 광고 목적과 광고 유형에 따라 선택한다. 캠페인에서 설정한 입찰 전략에 따라 설정 가능한 광고 형식이 달라지게 된다.

트루뷰 인스트림 또는 디스커버리 캠페인을 설정할 때에는 CPV 입찰, 범퍼애드는 CPM 입찰을 선택하면 되고, 트루뷰 포 액션과 같이 전환목표 캠페인은 전환수 최대화 혹은 타겟 CPA 입찰을 지정한다.

5) 캠페인 인벤토리 설정

광고가 노출되는 광고 게재지면의 안정성이 걱정된다면, 인벤토리 유형에서 원하는 인벤토리 유형을 선택하여 게재지면을 필터링할 수 있다.

인벤토리의 유형은 구글에서 분류해둔 지면으로 민감한 지면에 절대 나가면 안되는 광고라면 '제한된 인벤토리'로, 일반적인 광고라면 '표준 인벤토리'로 설정하면 된다.

또한 인벤토리 유형과 더불어 광고와 맞지 않는 콘텐츠에 광고가 노출되지 않도록 제외된 유형 및 라벨을 통해 한 번 더 제외 인벤토리를 설정할 수 있다.

6) 캠페인 노출 기기 설정

광고가 게재될 수 있는 기기 유형 역시 타겟팅이 가능하다. '게재 가능한 모든 기기'를 선택하면 PC, 모바일, 태블릿, TV(유튜브)에 모두 노출되고, 또 설정한 목표에 맞춰 효율이 좋은 기기 위주로 광고가 노출된다. 특정 기기 혹은 특정 운영체제에만 노출하기 원하면 기기나 운영체제, 네트워크를 선택하여 설정하면 된다.

7) 캠페인 게재빈도 및 일정 설정

게재빈도는 광고가 동일한 사용자에게 게재되는 횟수를 의미한다. 광고가 특정 유저에게 집중되는 것을 최소화하고 광고 피로도를 낮추기 위해서는 광고 게재 빈도를 조정하는 것이 좋다. 이 역시 캠페인 설정 시 설정할 수 있다. 광고 게재빈도를 설정하면 유저당 일, 주, 월 기간을 기준으로 캠페인별, 광고그룹별, 소재별 노출수와 조회수를 조절할 수 있다.

광고 일정을 설정하면 캠페인 운영 목적에 맞게 요일과 시간대를 구분하여 자동으로 광고를 ON/OFF할 수 있다. 영업 이외의 시간과 요일, 광고 성과가 좋지 않은 새벽 등 특정 시점을 제외하는 것도 가능하다.

캠페인과 광고그룹 설정 화면

광고 그룹 설정하기

동영상 캠페인 기본 정보를 모두 설정했다면 이젠 광고그룹을 설정해야 한다. 광고그룹에서는 광고 입찰가와 타겟팅 설정이 가능하다. 광고 그룹을 설정한 후 광고 소재로 사용할 영상의 URL을 넣고 인스트림, 디스커버리, 범퍼애드 등 광고 형식을 선택한다.

광고그룹에서 설정한 타겟팅한 유저들을 대상으로 광고가 노출되며, 특정 타겟팅 방식으로 광고가 노출되지 않도록 제외 타겟팅도 가능하다. 타겟팅에 대한 보다 자세한 설명과 설정 방법은 'PART 03'에서 알아보자.

유튜브 광고 설정하기

캠페인과 광고그룹을 모두 설정했다면 이제 광고 영상 소재를 등록할 차례이다.

유튜브 광고를 진행하기 위해서는 광고로 사용할 영상이 반드시 유튜브 채널에 업로드되어 있어야 한다. 실제로 광고 소재 설정 시 영상을 따로 업로드하는 것이 아닌 유튜브 채널에 업로드 된 영상의 링크(URL)을 이용하여 등록한다.

광고 정책에 위반되지 않는 영상은 모두 광고 집행이 가능하다. 간혹 광고 정책에 위반되지만 시스템 상에서 검수 승인이 되는 경우가 있는데, 승인이 됐다 하더라도 노출이 되지 않거나 시스템 상에서 수시로 재검수가 되어 비승인 처리될 수 있다. 이외에도 광고 영상이 유튜브 광고 정책에 대해서는 위반 사항이 없지만, 주류, 담배, 병의원, 약품 등에 해당하는 업종일 경우 광고 집행이 제한될 수 있다.

영상 URL을 넣게 되면 시스템이 유튜브에서 해당 영상을 불러오고, 자동적으로 해당 영상의 소재를 통해 설정할 수 있는 광고 상품이 노출된다. 노출되는 광고 상품은 동일한 영상 소재이더라도 광고그룹에서 설정한 입찰 전략에 따라 달라질 수 있으니 입찰 전략을 상품에 알맞은 전략으로 선택하였는지 꼭 확인해야 한다. 목표에 맞춰 집행할 광고 상품을 설정하면 된다.

유튜브 영상 업로드 옵션

유튜브에 영상을 업로드할 경우 영상의 공개 수준을 정하게 된다. 이때 광고 소재로 사용할 수 있는 영상은 유튜브에 '공개', '일부 공개'로 업로드된 영상이다.

영상 업로드 시 설정할 수 있는 공개 방식과 범위는 다음과 같다.

- **공개**: 누구나 영상을 볼 수 있는 형태로 유튜브 채널에 노출된다.

- **미등록(일부 공개)**: 영상 URL을 입력하고 들어온 사람들만 영상 시청을 할 수 있다. 또한 해당 영상은 유튜브 채널에 노출되지 않는다.

- **비공개**: 영상을 게재한 본인 이외에는 아무도 볼 수 없는 형태로, 비공개 영상은 광고 검수 시 비승인되며 광고 집행이 불가능하다.

- **예약**: 특정 시간에 영상이 노출될 수 있도록 설정하는 기능이다. 다만 예약 설정을 걸어둔 영상은 예약 이전 시간에 유튜브 광고로 영상을 사용하는 것이 불가능하니 유의해야 한다.

광고 영상을 제작했지만 유튜브 채널 내 노출을 원하지 않는 경우, 광고 상품에 맞춰 동일 영상을 여러 가지 형태로 사용할 경우에는 '미등록' 상태로 유지하는 것이 좋다. 유튜브 채널에는 메인 영상 한 가지만을 남겨두는 것이 보다 정돈된 이미지를 줄 수 있기 때문이다.

유튜브 광고 형식

유튜브에 업로드한 영상 URL을 넣고 설정 가능한 광고 형식 및 세부 사항에 대해 알아보자.

1) 트루뷰 인스트림(TrueView Instream)

영상 URL을 입력한 후 동영상 광고 형식 중 '인스트림 광고'를 선택하게 되면 최종 도착 URL과 표시 URL을 기입하는 항목이 나온다. 최종 도착 URL에는 시청자가 광고 영상을 클릭할 시 이동할 웹페이지 URL을 넣으면 된다.

페이스북, 인스타그램, 블로그, 카페 등 정상적인 웹페이지라면 모두 적용이 가능하다. 단, 이때 입력할 페이지는 광고주체와의 관련성이 있어야 한다.

컴패니언 배너가 함께 노출된 원티드 광고

트루뷰 인스트림(이하 인스트림) 광고가 PC기기에 노출되는 경우 영상 오른쪽에 컴패니언 배너가 무료로 함께 노출된다. 컴패니언 배너는 광고 영상이 '공개' 상태인 경우에만 노출되며, 미등록 상태인 영상은 컴패니언 배너가 노출되지 않는다. 노출 형태는 '비디오 컴패니언 배너'와 '이미지 컴패니언 배너' 두 가지 형태 중 선택하여 설정할 수 있다.

컴패니언 배너 종류

- **비디오 컴패니언 배너**: 광고 소재용 영상이 업로드된 채널 내에 있는 다른 영상들이 광고 노출 시 우측 상단에 노출되는 형태. 광고 설정 시 '채널에 있는 동영상에서 자동 생성된 이미지 사용'을 선택하여 설정한다.
- **이미지 컴패니언 배너**: 영상과 함께 노출할 이미지(300×60픽셀, 150KB 이하)를 업로드해 해당 이미지가 노출되는 형태이다.

컴패니언 배너는 인스트림 광고 노출이 완료되어도 영상이 재생되는 동안 사라지지 않고 남아 있어 브랜드를 알리는 데 효과적이다.

2) 트루뷰 디스커버리(TrueView Instream)

트루뷰 디스커버리 광고(이하 디스커버리)는 '영상 미리보기 이미지'와 '텍스트'로 노출되며, 각 요소를 직접 설정해야 한다. 지금 설정하는 '미리보기 이미지'와 '텍스트'가 실제 유저의 클릭을 이끄는 매우 중요한 요소이니 영상의 내용을 잘 반영하는 것이 좋다.

또한 디스커버리 광고는 최종 도착 URL 설정이 불가능하며, 클릭 시 광고 영상 시청페이지로 이동된다.

텍스트 문구는 광고 제목, 설명문구 1, 설명문구 2로 구성되어 있다. 이 중에서 광고 제목이 가장 중요하며 일반적이고 딱딱한 설명보다는 재밌고 유저의 눈길을 사로잡을 수 있는 문구로 표현하는 것이 좋다. 광고 제목은 언제나 노출되지만 설명문구 1과 2는 노출 빈도가 높지 않아 상대적으로 중요도가 낮다.

3) 범퍼애드(Bumper Ad)

범퍼애드 광고(이하 범퍼애드)를 설정하기 위해서는 우선 캠페인 입찰 전략을 'CPM 입찰 전략'으로 선택해야만 한다. 또한 6초 이하의 광고 소재만 사용이 가능하다. 6초 이하 소재와 CPM 입찰 전략을 제외한 세부적인 설정 방법은 인스트림 광고와 동일하다.

4) 아웃스트림 광고

아웃스트림 광고를 설정하기 위해서는 캠페인 설정 시 선택해야 하는 3가지 필수 요소가 있다.

① **캠페인 유형**: 동영상

② **캠페인 하위 유형**: 아웃스트림

③ **입찰 전략**: 조회 가능 CPM

이 세 가지를 선택했다면 아웃스트림 광고 설정이 가능하다. 세부 설정은 인스트림과 디스커버리 광고를 설정하는 방식을 조합해둔 것과 유사하다. 미리보기 이미지를 설정하고, 광고 제목과 설명문구를 작성한 후 브랜드 로고 파일을 업로드하고 URL을 넣으면 설정이 완료된다.

유튜브 광고를 위한 용어 사전

더욱 원활한 유튜브 광고 진행을 위해 유튜브와 구글애즈에서 쓰이는 용어들을 알아보자.

- **노출(Impression)**: 실제 광고 집행 시 유저들에게 노출된 횟수. 노출 수는 게시물 조회 클릭 여부와는 관계없이 유저들에게 노출된 횟수를 말한다. 이에 중복 노출된 수치까지 모두 집계된다.

- **도달(Reach)**: 광고가 노출된 사람이 얼마인지 보여주는 수치. 한 유저에게 여러 번 노출되었다고 하더라도 도달은 한 번으로 체크되기 때문에 중복 없이 집계된다.

- **조회율(VTR: View Through Rate)**: 동영상에 대한 유저들의 반응도를 알 수 있는 중요 지표 중 하나이다. 광고 노출 수 대비 조회된(과금: 영상 30초 이상 시청, 혹은 클릭할 경우) 조회수를 나눈 비율이다.
  (예: 조회수가 100회이고, 노출수가 1,000회일 경우 조회율은 10%이다.)

  - 트루뷰 인스트림(TrueView Instream) 광고는 사용자가 11~30초 길이의 광고를 끝까지 시청하거나, 30초보다 긴 광고를 30초 이상 시청 혹은 광고와 상호 작용할 때 조회수로 집계된다.
  - 트루뷰 디스커버리(TrueView Discovery)광고는 사용자가 광고를 클릭해 동영상이 재생되기 시작하면 유료 광고 조회수가 조회수로 집계된다.

- **조회당 비용(CPV: Cost per View)**: 영상 노출 후 일정 시간 동안 1회의 영상 시청이 발생할 때 소요되는 비용이다.

- **1,000회 노출당 비용(CPM: Cost Per Mille)**: 1,000회 광고 노출에 소요되는 비용이다.
  CPM = 1,000 × (Budget / Impressions)

- **시청시간**: 유튜브 영상 사용자가 광고를 시청한 총 시간(초)이다.

- **평균 시청시간 / 노출 수**: 사용자가 광고 노출 1회당 동영상 광고를 시청한 평균 시간 (초)이다.

- **참여 수**: 동영상의 카드를 확장하기 위해 티저나 아이콘과 같은 양방향 요소를 클릭한 횟수를 보여준다. 이 클릭은 웹사이트나 다른 외부 도착 페이지로 연결되지 않으며 순수한 광고 영상 참여 횟수이다.

- **참여율**: 광고에서 발생한 참여 수를 광고가 게재된 횟수로 나눈 값이다.

- **순사용자**: 일정 기간 동안 광고를 본 총 사용자 수이다.

- **고유 쿠키**: 사용자 컴퓨터의 브라우저별로 고유한 쿠키(사용자가 방문한 웹페이지에 사용되는 환경설정과 기타 정보를 저장함)의 수이다.

- **YouTube 전체 활동 수**: 전체 활동 수는 시청자가 동영상 광고를 본 후 유튜브에서 관련 활동을 수행하면 발생한다.

- **획득 조회수**: 유튜브 시청자가 유튜브 채널 또는 보기 페이지에서 후속 동영상을 시청하면 증가한다. 전체 활동 수의 이 유형은 사용자가 채널에서 동일한 동영상을 다시 시청하려고 선택하든 다른 동영상을 시청하려고 선택하든 상관없이 증가한다.

- **구독 수**: 광고를 시청한 유저가 채널을 구독하면 발생한다. 1~100 구간까지는 정확한 데이터 확인이 어려우며 100 이상의 수치만 정확한 정수로 확인 가능하다.

- **재생목록 추가, 좋아요, 공유**: 광고를 시청한 유저가 유튜브 채널 내에서 각 항목의 활동을 할 경우 증가한다.

▶ 브랜드 인지도 상승을 위한 유튜브 광고 전략

유튜브 광고 상품에는 어떤 것이 있는지, 어떻게 광고를 집행해야 할지 막막한 독자들은 주목해야 할 파트이다. 우리 브랜드에 적합한 유튜브 상품은 무엇일까?

유튜브에서는 마케팅 퍼널(Marketing Funnel)에 따른 다양한 광고 상품을 제공한다. 마케팅 퍼널은 크게 세 단계로 구성되는데, 브랜드 인지도 증대 〉 구매 고려도 상승 〉 전환 유도이다. 유튜브는 브랜딩 매체라는 인식이 강했으나, 퍼포먼스를 낼 수 있는 여러 가지 상품들을 런칭하면서 브랜딩부터 퍼포먼스 성과까지 순차적으로 달성할 수 있는 Full Funnel 매체로 자리잡았다.

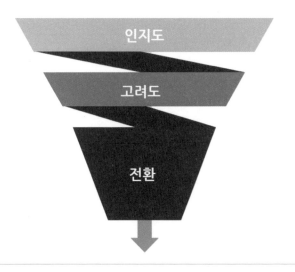

마케팅 퍼널 예시

영상이 있다면 유튜브 광고를 쉽게 시작할 수 있겠지만, 시작하기 전 해야 할 일이 있다. 바로 '광고의 목표'를 설정하는 것이다. 우리 브랜드가 달성해야 할 목표는 무엇인지 정하고, 이에 맞는 유튜브 광고 상품을 결정하는 일이 사전에 진행되어야 만족할만한 광고 성과를 얻을 수 있다. 이제부터는 마케팅 퍼널에 따라 유튜브에서 제공하는 광고 상품에 대해 알아보도록 하겠다.

브랜드 인지도 상승을 위한 유튜브 광고 상품

입찰방식	인지도 CPD or CPM입찰	구매 고려도 CPV 입찰	액션 CPA or 전환수 극대화
마스트헤드	◯		
트루뷰 포 리치	◯		
건너뛸 수 없는 광고	◯		
범퍼애드	◯		
아웃스트림 (GVP)	◯		
트루뷰 디스커버리		◯	
트루뷰 인스트림		◯	
트루뷰 포 액션			◯

마케팅 퍼널 '인지도' 단계

우리 브랜드/상품이 시장에서 인지도가 없는 상태이거나, 신규 상품 라인이 출시되어 인지도를 쌓아야 하는 단계이다. 이 단계에서는 브랜드/상품을 최대한 많은 사람들에게 알리는 것이 중요한 목표가 된다. 따라서 노출수 위주의 KPI를 설정해야 한다.

제품을 판매하는 것이 궁극적인 목표인데, 판매 광고를 하는 게 아니라 먼저 브랜드 인지도를 쌓는 것이 중요한 이유는 무엇일까?

간단히 예를 들어보겠다. 편의점에 커피를 사러 갔는데 '카페라테' 하나를 사려고 해도 모카라테, 스모키라테, 마일드라테 등 수많은 브랜드의 상품이 있다. 그중 어떤 상품을 선택하게 될까? 들어봤거나 이미 알고 있는 상품, 즉 브랜드 인지도가 있는 상품에 좀 더 눈길이 갈 것이다. 브랜드 인지도 증대 단계는 우리 브랜드의 상품을 구매할 만한 잠재고객을 형성해 나가는 첫 번째 과정인 것이다.

유튜브 홈 최상단 프리미엄 지면을 점유, CPM 마스트헤드(CPM Masthead)

유튜브 광고 지면 중에서도 프리미엄 지면이라고 할 수 있는 유튜브 홈페이지 최상단을 점유할 수 있는 광고이다. CPM 과금 방식으로 1,000회 노출당 가격을 매겨 확보할 노출수 목표만큼 비용을 지불하는 방식이다. 유튜브 앱에 접속해보면 가장 먼저 보이는 영상 중 영상 썸네일, 제목, 설명 문구, 클릭 유도문안이 노출된 광고를 볼 수 있을 것이다.

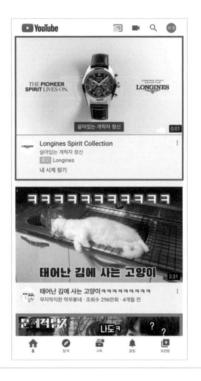

CPM 마스트헤드 노출 화면

새롭게 브랜드를 런칭하거나 시즌 이슈로 한정된 기간 동안 대대적인 마케팅을 할 때 대세감을 확보할 수 있는 상품이다. 많은 브랜드들이 최대한 많은 사람들에게 알리는 것을 광고 목표로 설정하곤 한다. 이때 CPM 마스트헤드 상품을 집행하면 높은 주목도를 확보하면서 유저에게 도달할 수 있다.

이 상품의 장점은 타겟팅이 가능하다는 것이다. 내가 원하는 유저에게만 선별적으로 광고를 노출하기 때문에, 타겟 유저만을 공략하여 도달률을 높일 수 있다. 또한 원하는 비용만큼만 집행하여 노출수를 확보할 수 있다. 이런 점 때문에 하루 동안에도 여러 브랜드들이 유튜브 홈 지면에 광고를 노출할 수 있다. 사전에 구매한 노출량에 따라 광고가 롤링(Rolling)되는 방식이다.

과거 CPD(Cost Per Daily, 하루 24시간 단위의 구매 방식) 마스트헤드 상품에 대해 알고 있는 독자들도 있을 것이라 생각한다. 타겟팅이 불가능하고, 하루 집행하는 데 가격이 1,420만 원(VAT 제외)으로 너무 비싸서 집행을 할 수 없는 브랜드들이 많았다. 하지만 CPM 마스트헤드를 집행하게 되면 여러 브랜드들이 하루 동안의 노출량을 나눠서 점유하기 때문에 비교적 적은 비용으로도 홈피드 지면을 점유할 수 있다.

다만, 유튜브 광고를 좀 아는 독자분들이라면 유튜브 홈피드 최상단 지면에 마스트헤드외에도 트루뷰 디스커버리, 유튜브 액션 광고, 디스플레이, 앱 다운로드 광고 등이 노출되는 것을 보았을 것이다. 특히 트루뷰 디스커버리와는 구분이 어려울 정도로 거의 유사하다. 차이점은 무엇일까? 트루뷰 디스커버리는 클릭 유도문안이 없고, 마스트헤드는 있다.

트루뷰 디스커버리 노출 화면

그렇다면 CPM 단가는 어떨까? 트루뷰 디스커버리는 CPV 과금방식이기는 하나, CPM을 환산해보면 CPM 마스트헤드의 약 1/10 수준으로 매우 저렴하다. 따라서 영상을 최대한 많은 사람들에게 알리는 것이 목표라면 홈피드에만 노출되는 디스커버리를 집행하는 것을 고려해볼만하다.

다만 주의할 점이 있다. 노출 우선순위는 마스트헤드가 우선이기 때문에 다른 광고 상품에 홈피드 게재위치 타겟팅을 진행하더라도 최상단에는 노출되지 않을 수 있다.

- **유튜브 홈피드 노출 팁**: 트루뷰 디스커버리 집행 시 게재위치 타겟팅 URL에 'youtube.com::pyvHome'를 입력하면 홈피드에만 노출된다.

- **CPM 마스트헤드 평균 광고 성과 및 집행 조건**
  - **CTR(클릭률)**: PC 0.2% / Mobile 0.4% ~ 0.6%
  - **과금 방식**: CPM (1,000회 노출당 과금)
  - **구매 방식**: 예약형
  - **타겟팅**: 데모, 기기, 자녀 유무, 관심사(+700원 할증)
  - **집행 조건**: 최소 집행 금액 3,000만원

- **CPM 마스트헤드 성공 전략**
  ① 신제품 출시, 브랜드 런칭으로 주목도 높은 지면에서 많은 유저에게 도달하고자 할 때
  ② 시즌 이슈로 노출을 집중하여 대세감을 형성하고 싶을 때

사례 1 **오븐에 빠진 닭 신메뉴 출시 마스트헤드**

'오븐에 빠진 닭'에서 신메뉴인 간장치킨을 출시했음을 알리는 마스트헤드를 집행하였다. 유튜브 내에서 인지도가 높은 유튜버를 모델로 기용해서 유튜브에 맞는 영상으로 광고를 집행하여 주목도를 높였다. 신메뉴 런칭을 마스트헤드를 통해서 효과적으로 알린 사례이다.

마스트헤드 사례 1. 오븐에 빠진 닭 PC 노출

마스트헤드 사례 1. 오븐에 빠진 닭 Mobile 노출

추석 연휴, 사회적 거리두기로 만나지 못하는 고마운 사람들에게 카카오톡 선물하기를 이용하여 마음을 전할 수 있다는 메시지를 전달했다. 추석 시즌에만 집행하여 시즌이슈를 잘 활용한 사례이다.

마스트헤드 사례 2. 카카오커머스

짧지만 강력한 메시지 전달, 범퍼애드(Bumper AD)

6초로 짧게 끝나는 광고로, 광고 거부감 없이 유저에게 핵심적인 메시지를 전달할 수 있는 광고 상품이다. '첫 구매 시 5,000원 할인', '당일주문 당일배송'과 같은 명확한 메시지 하나만을 반복적으로 노출함으로써 인지도를 높일 수 있다. 또한 영상 제작도 간편하기 때문에 시간대/상황/타겟을 세분화해서 맞춤 메시지를 전달할 수도 있다.

아래 범퍼애드는 일상에서 프로틴 시리얼이 필요한 상황을 제시하고, 상황별로 영상을 제작하여 메시지를 전달한 사례이다.

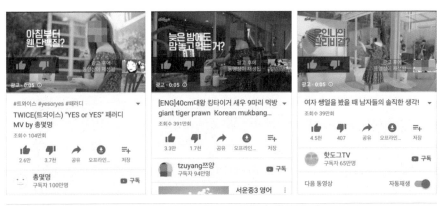

맞춤 메시지 전달형 범퍼애드 사례 1

범퍼애드는 CPM 과금 상품으로 1,000회 노출당 단가는 3~4천원 선이다. 다른 노출형 광고들보다 저렴한 단가로 유저에게 도달할 수 있어 도달률을 높이기 좋다. 특히 모바일에서의 도달률을 높이기 유리하다. 최근에는 영상 시청의 70%가 모바일 기기를 통해 발생한다고 한다. 모바일에선 유저들이 숏폼(short form) 영상 위주로 시청하는데, 6초 광고는 짧은 길이의 영상에도 실릴 수 있다. 모바일에서의 도달률을 높일 수 있는 것은 이 때문이다.

범퍼애드 설명 (출처: 2020 Digital GURU, Google 브랜딩 솔루션 소개자료)

- 범퍼애드 평균 광고 성과
  - CPM(1,000회 노출당 비용): 3,000~4,000원 선
  - CTR(클릭률): 0.05%~0.10%

- 범퍼애드 성공 전략
  ① 핵심 메시지 전달형(프로모션, 혜택, 제품 기능 강조)
  ② 타겟별/요일별 맞춤 메시지 전달형(타겟 맞춤화 전략)
  ③ 메인 영상을 편집한 서브 영상형(메시지 강화)
  ④ 티징 광고형(궁금증 유발)
  ⑤ 트루뷰 인스트림과 함께 집행하여 도달률을 극대화

사례 1 다이어트와 관련된 메시지를 상황에 따라 세분화한 올컷 다이어트

맞춤 메시지 전달형 범퍼애드 사례 2

사례 2 신제품 출시에 관한 티저 영상으로 궁금증을 유발한 켈로그

티징 광고형 범퍼애드 사례

1) 스토리를 담은 영상으로 도달률을 높이는 트루뷰 포 리치(TrueView for Reach)

도달률을 높이는 것이 KPI이지만 6초는 너무 짧게 느껴지는 브랜드를 위해 만들어진 상품이다. 범퍼애드와 트루뷰 인스트림의 중간 성격으로 광고로 집행할 영상 길이에는 제한이 없다. 영상 길이에 제약이 없기 때문에 6초보다는 긴 영상으로 스토리를 전달할 수 있다는 장점이 있다. 다만 최대 영상길이는 15초~20초를 권장한다.

과금 방식이 CPM인 노출 목적의 광고 상품이기 때문에 도달률을 높이는 데 유리하다. 트루뷰 인스트림 집행 시 트루뷰 포 리치 상품을 믹스하여 집행하면 트루뷰 인스트림만 집행했을 때보다 도달률을 높일 수 있기 때문에 전략적으로 활용하는 것이 좋다.

트루뷰 포 리치 설명 (출처: 2020 Digital GURU, Google 브랜딩 솔루션 소개자료)

- **트루뷰 포 리치 평균 광고 성과**
  - **CPM(1,000회 노출당 비용)**: 4,000원~6,000원
  - **CTR(클릭률)**: 0.2%~0.4%
  - **VTR(조회율)**: 5%~10%
  - **CPV(조회당 비용)**: 30원~70원

- **트루뷰 포 리치 성공 전략**
  ① 드라마 첫방송이나 영화의 개봉을 알리는 예고편형
  ② 트루뷰 인스트림 상품에 믹스하여 도달률 극대화

참고 사항 **건너뛸 수 없는 광고 (Non-skippable Ads)**

브랜드 인지도를 높이기 위한 유튜브 광고 상품 중에는 '건너뛸 수 없는 광고'라는 이름의 논스킵(Non-Skip) 광고가 있다. 15초 TV CF를 유튜브에서 집행하는 것과 동일한 형식이라고 보면 되며, 15초 영상만 집행 가능하다.

이 상품에 대해서는 간단히 소개만 하고 넘어가려고 한다. 왜냐하면 요즘의 유튜브 광고 트렌드와 맞지 않기 때문이다. 15초 동안 광고를 강제로 시청해야 하는 유저 입장에서는 광고 거부감이 크다. 따라서 오히려 좋지 않은 브랜드 경험을 하게 될 우려가 있다. 이보다는 다음 챕터에서 소개할 트루뷰 인스트림을 집행할 것을 권장한다.

브랜드 인지도 상승을 위한 유튜브 타겟팅 전략

'브랜드 인지도 상승' 목적은 마케팅 초반 우리 브랜드의 잠재고객을 형성하는 상위 퍼널에 위치한 목표이다. 이 단계에서는 넓게 도달할 수 있는 타겟팅을 권장한다. 그 이유는 다음과 같다.

첫 번째, 타겟팅을 세밀하게 설정할 경우, 도달 범위가 제한되어 우리 브랜드에 관심을 가질 만한 고객에게 충분히 도달하지 못할 수 있다.

두 번째, 타겟팅을 세밀하게 설정할수록 CPM이 상승할 우려가 있다.

따라서 낮은 CPM으로 최대한 많은 도달을 달성하기 위해서는 넓은 타겟팅을 권장한다. 참고로 아래에 구글이 추천하는 타겟팅을 소개한다.

- **구글에서 추천하는 타겟팅**
  ① 인구통계 타겟팅
  ② 상세한 인구통계 타겟팅 (예: 자녀 유무, 결혼 여부, 최고학력, 주택 소유 여부)
  ③ **관심 분야**: 뉴스 및 정치, 미디어 및 엔터테인먼트, 미용 및 웰빙 등 일반적인 카테고리 타겟팅
  ④ **맞춤 관심 분야**: 유저의 관심사를 내 브랜드에 맞게 커스터마이징을 할 수 있는 타겟팅

범퍼애드 & 트루뷰 포 리치 설정 방법

01

캠페인 생성
구글애즈 첫 페이지에서 + 버튼을 눌러 새 캠페인을 생성한다.

캠페인 생성

02

캠페인 목표: 브랜드 인지도

캠페인 목표 설정

03

범퍼애드 or 건너뛸 수 있는 인스트림 광고 선택

캠페인 하위 유형에서 [건너뛸 수 있는 인스트림]을 선택하면 트루뷰 포 리치 캠페인을 설정할 수 있다.

캠페인 목표 설정

04

캠페인 단에서 예산, 네트워크 설정

예산 옵션은 일예산과 총예산을 선택할 수 있다. 캠페인 변동상황에 따라 유연하게 대처할 수 있는 일예산을 권장한다.

광고가 유튜브에만 노출되게 하고 싶다면 유튜브 동영상을 선택해야 한다. 디스플레이 네트워크를 선택할 경우, 구글과 제휴한 다른 동영상 플랫폼 혹은 모바일 앱 지면에 노출될 수 있다.

캠페인 예산, 네트워크 설정

05

광고그룹 단에서 타겟팅, 입찰가 설정

타겟팅은 설정하지 않아도 캠페인 운영에 지장이 없으나, 입찰가는 반드시 설정해야 한다.
평균적으로 3,000원 정도를 설정하고, 적절히 상/하향 조정하는 것을 권장한다.

광고그룹 타겟팅, 입찰가 설정

06

광고 소재 설정

유튜브 광고는 유튜브에 업로드된 동영상 URL을 광고 소재로 사용한다. 단, 영상 파일 형
태로는 설정할 수 없음에 유의하자.

동영상 URL 입력

동영상 URL을 입력한 후에는 최종 도착 URL 및 표시 URL을 입력한다. 표시 URL은 최종 도착 URL의 도메인과 같아야 한다.

클릭 유도문안에서 제목은 최대 15byte, 파란색 클릭 유도문안은 최대 10byte로 설정한다.

최종 도착 URL 설정

입찰방식	인지도 CPD or CPM입찰	구매 고려도 CPV 입찰	액션 CPA or 전환수 극대화
마스트헤드	◯		
트루뷰 포 리치	◯		
건너뛸 수 있는 광고	◯		
범퍼애드	◯		
아웃스트림 (GVP)	◯		
트루뷰 디스커버리		◯	
트루뷰 인스트림		◯	
트루뷰 포 액션			◯

마케팅 퍼널 고려도 단계

첫 번째 단계인 '브랜드 인지도 제고' 단계에서 어느 정도 유저들의 인지도를 높였다면, 이제 유저들의 자발적인 참여를 끌어낼 수 있는 유저들의 관여 단계이다. 즉, 유저들의 브랜드 고려도를 높여야 할 단계에 도착한 것이다.

많은 브랜드들이 단순히 인지도 제고 캠페인 이후 추가적인 액션을 취하지 않고 유저들의 자발적인 참여를 원한다. 노출을 통해 브랜드 인지도를 제고했다면 여기서 그치지 않고 각 유저들에게 알맞은 고려도를 높이는 액션 순으로 퍼널에 맞춰 캠페인을 잘 설계해야 한다.

초반에 이러한 단계를 거치지 않고 단순히 전환만 고집하는 브랜드들은 대부분 초반 쌓아 놓은 인지도 등에 대한 기반이 없어 빠르게 무너지거나, 유저들의 반응도를 끌어내는 것이 어려운 경우가 많다.

그렇기 때문에 마케팅 퍼널에서 중간 단계인 브랜드 관여도 단계에서 뼈대를 튼튼하게 만드는 단계라고 해도 무방하다. 특히 고객과 밀접한 관계를 유지하기 위해서는 쌍방향 소통이 매우 중요하며 이러한 긴밀한 관계 유지와 충성도 높은 고객 육성은 반드시 필요한 단계이다.

그렇다면 우리는 유튜브 상품 중 어떤 상품을 잘 활용해야 하며, 어떤 타겟 기법을 활용하여 우리 브랜드에 알맞은 유저들의 관여도를 높일 수 있을까?

고려도 단계에서는 CPV(Cost Per View) 광고 형식을 잘 활용하는 것이 관건이다. CPV 광고 형식의 경우 브랜드 스토리를 효율적으로 전달하여 고객의 선호와 고려도를 높일 수 있다. 특히 필자는 두 가지 트루뷰 상품을 이야기하고자 한다. 바로 트루뷰 인스트림, 트루뷰 디스커버리 상품이다. 이번 챕터에서는 각 상품을 어떻게 잘 활용할 수 있을지 알아보도록 하자.

브랜드 고려도 상승을 위한 유튜브 광고 상품

영상을 조회할 것 같은 타겟 유저만 골라 노출하는 트루뷰 인스트림(TrueView Instream)

브랜드 인지도 제고에서는 최대한 많은 노출을 통해 유저들에게 브랜드를 알리는 형태의 광고 상품을 활용하였다면 고려도 단계에서는 앞서 말한 CPV 형태의 상품인 트루뷰(TrueView) 즉, 진성 조회를 유도하는 상품을 활용하여 유저들이 자발적으로 영상을 조회하고 반응하도록 유도해야 한다. 여기서 활용할 수 있는 상품이 바로 트루뷰 인스트림(TrueView Instream) 상품이다.

트루뷰 인스트림 상품의 경우 조회당 과금 방식으로 조회를 한 유저들에게 과금을 하는 매우 합리적인 형태의 상품이다. 브랜드 영상에 관심이 없어 건너뛰거나(Skip), 이탈한 유저들에게는 과금이 되지 않기 때문에 브랜드 입장에서 선호할 수밖에 없는 상품이다. 우리 브랜드에 관심 없는 유저에게까지 돈을 내야 한다면 얼마나 아까운 일인가? 그렇기에 유저들의 진성 반응도를 확보하기 위해서는 인스트림 상품을 활용하는 것을 추천한다.

트루뷰 인스트림 설명 (출처: 2020 Digital GURU, Google 브랜딩 솔루션 소개자료)

- **트루뷰 인스트림 평균 광고 성과**
  - **CPV**(평균 단가 30~40원) / 30초 이상 시청 시 or 클릭 시 과금
  - **VTR(조회율)**: 20~30%
  - **CTR(클릭률)**: 0.1%~0.2%
  - **CPM(1,000회당 노출 비용)**: 10,000원~15,000원 선

- 트루뷰 인스트림 성공 전략

  ① 브랜드 인지도는 어느 정도 있으나 핵심 메시지 전달이 필요할 때

  ② 진성 조회를 유도하면서 유저 고려도 상승 도모가 필요한 경우

- 캠페인 운영 사례

정보성 영상과 단순히 잘 만든 TV CF용 영상을 활용하는 것은 적합하지 않다. 유튜브 플랫폼 특성을 잘 이해하고, 이에 맞는 영상을 활용하는 것이 매우 중요하다. 트루뷰 인스트림 상품의 경우 5초 이후 건너뛰기(Skip) 여부를 유저들에게 선택권을 주어 영상을 계속 시청할 것인지 여부를 선택할 수 있게 해준다. 여기서 평균적으로 80%의 이탈이 발생되는데 유저의 이탈을 막기 위해서는 앞 단 소비자를 매혹시킬 수 있는 메시지가 매우 중요하다.

유저들의 건너뛰기를 방지하는, 즉 이탈을 막는 후킹(hooking) 요소가 중요하다. 아래의 영상 역시 앞단 5초 내 곽철용 배우가 등장하여 "스킵하면 네 피부는 변사체가 된다."라는 대사로 유저들의 눈길을 사로잡았다.

인스트림 광고 실제 집행 사례

유저 반응도 역시 매우 폭발적으로 나타났으며, 매우 긍정적인 댓글이 대다수로 확인
됐다.

실제 영상 하단 유저 반응 댓글

인스트림 광고 집행에 있어서 가장 중요한 요소는 '건너뛰기'가 불가능한 5초 구간 내 고
객을 사로잡는 것이 핵심 전략이다. 그러므로 트루뷰 인스트림 광고 소재를 제작할 때 해당
부분을 잘 참고하도록 하자.

유튜브 채널 활성화를 위한 트루뷰 디스커버리(TrueView Discovery)

영상 앞단에 광고가 노출되어 자동으로 재생되는 인스트림과 다르게 디스커버리의 경우
썸네일 형식으로 노출되는 광고 상품이다. 또한 다양한 인벤토리에 노출되며 유튜브 검색
결과 창까지도 커버 가능한 상품이다. 또한 트루뷰 디스커버리는 광고를 클릭할 경우 내 채
널에서 영상이 재생되기 때문에 광고 반응 유저들을 내 채널로 끌어올 수 있다는 장점이 있
다. 이에 유튜브 내 다양한 노출 지면 커버뿐만 아니라 채널 활성화 전략에도 매우 큰 영향
을 주는 상품이다.

트루뷰 디스커버리 상품의 경우 구독하기, 좋아요, 싫어요, 댓글, 공유하기 등에 대한 다양한 참여를 유도할 수 있다.

유튜브 채널에서 유저들의 참여를 끌어내고 싶은가? 그렇다면 트루뷰 디스커버리 상품을 활용해보도록 하자. 특히 트루뷰 디스커버리 광고는 명확하게 영상을 시청할 의도가 있는 유저들이 썸네일 혹은 텍스트를 클릭하여 유입된다. 때문에 관여도가 높은 유저들이 직접 채널에 유입되면서 유저 반응도 끌어올 수 있어 채널 활성화를 위해서는 가장 적합한 광고 상품이라 할 수 있다.

즉, 한마디로 말해 트루뷰 디스커버리 광고는 유저들의 자발적인 참여를 통해 관여도를 높일 수 있는 상품이다.

최근에는 유튜브 내에서 검색, 정보성 영상이 눈에 띄게 늘었다. 시청자들의 55% 이상이 궁금한 정보를 유튜브 내에서 검색하고 있다. 이는 유튜브는 단순히 영상 시청용이 아닌 네이버, 다음 같은 검색 사이트로서의 기능까지 확장되고 있음을 보여준다.

트루뷰 디스커버리는 유튜브 검색지면 내 노출되는 광고 중 하나로, 정보성 영상을 탐색하는 유저가 내 광고를 발견하고 채널로 유입되어 다양한 활동을 할 수 있게 만드는 상품이다. 이러한 상품의 특성을 잘 활용한다면, 유저 참여 상승과 함께 브랜드 관여도를 높일 수 있는 상품으로 활용할 수 있다.

트루뷰 디스커버리 설명 (출처: 2020 Digital GURU, Google 브랜딩 솔루션 소개자료)

디스커버리 광고 검색 지면 노출 예시

- **트루뷰 디스커버리 평균 광고 성과**

  - **CPV**(평균 단가 60~70 원) / 썸네일 이미지, 텍스트 클릭 시 과금

  - **VTR(조회율)**: 1~2%

  - **CPM(1,000회당 노출 비용)**: 500원~2,000원 선

- **트루뷰 디스커버리 성공 전략**

  ① 관여도가 높은 유저들에게 광고를 노출시켜 영상에 유입시키고자 할 때

  ② 유튜브 채널 활성화를 위한 광고 상품이 필요할 때

  ③ 유튜브 다양한 지면 노출을 통해 노출과 조회를 동시에 얻고자 할 때

- **캠페인 운영 사례 및 전략**

  미리보기와 텍스트로 구성되어 있기 때문에 해당 요소들을 잘 활용하는 것이 가장 효과

적인 트루뷰 디스커버리 광고 활용 방법이다. 해당 상품의 경우 설명 1 , 제목 2 와 함께 미리보기 이미지 썸네일로 노출된다.

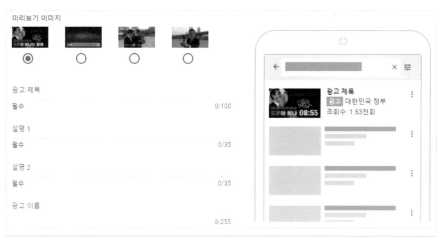

디스커버리 광고 설정 화면 예시

이러한 특징을 바탕으로 동일한 소재라도 맞춤 타겟 유저들에게 구체화된 메시지 전달이 가능하다. 정수기 광고를 예시로 들어보자. 해당 정수기 브랜드는 타겟군을 3개로 나눠 각 맞춤 메시지를 전달하고자 한다. 주부/싱글족/직장인 타겟 그룹을 분류하고 해당 타겟 유저들에게 알맞은 메시지를 적용하여 노출하는 전략이다.

이때 트루뷰 디스커버리 상품을 활용하여 주부 타겟에게는 '우리 가족이 먹는 물'에 대한 맞춤 메시지를 전달할 수 있으며, 싱글족에게는 '나만의 홈카페를 집에서 편리하게 즐긴다'라는 메시지, 직장인에게는 '바쁜 일상에서도 맛있는 물 한 잔' 등 각 타겟 유저에게 맞춤화되고 구체화된 메시지 전달이 가능하다.

구글의 정교한 타겟팅 기법을 활용하여 맞춤 메시지를 노출하게 된다면 유저들의 참여도를 더욱 높일 수 있는 방법이 될 수 있다. 또한 어떠한 타겟군이 우리 브랜드에 관심도를 상대적으로 많이 가지고 있는지 없는지에 대한 효율 측정 또한 용이하여 앞으로 우리가 어떤 이미지를 개선해 나갈 수 있을지에 대한 방향성을 잡기 적합하다.

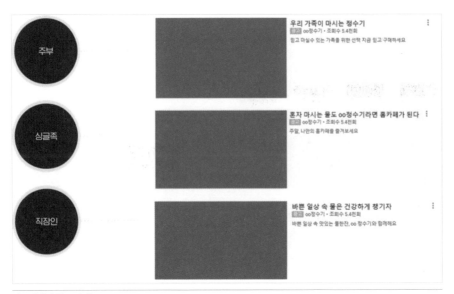

디스커버리 광고 사례

  끝으로 트루뷰 디스커버리의 미리보기, 텍스트로 구성된 상품으로 타겟 유저들에게 알맞은 메시지 전달을 통해 유저가 내 채널로 유입된다. 또, 브랜드와 소비자 간의 상호 작용을 일으키면서 브랜드에게는 채널 활성화의 이점을, 소비자에게는 브랜드에 대한 긍정적인 관여도를 상승시키기에 적합한 상품이다.

브랜드 고려도 상승을 위한 유튜브 타겟팅 전략

'고려도 상승'을 위한 두 가지 상품에 대해 자세히 알아봤다면, 유튜브 광고의 꽃이라고 할 수 있는 타겟팅 전략에 대해 알아보는 시간을 가지도록 하겠다.

구글의 경우 매우 고도화되어 있는 타겟팅 기법 활용이 가능한 매체이다. 이러한 타겟 기법을 유튜브에서도 동일하게 활용 가능하며 인스트림/디스커버리 상품에서 정교화된 타겟 전략을 활용하여 광고 집행이 가능하다. 관여도 단계에서는 어떤 타겟 기법을 활용하는 것이 적합할까?

- **구글에서 추천하는 타겟팅**
   ① 주제
   ② 키워드
   ③ 게재위치

기존 인지도 제고 단계에서 유저 기반 타겟팅을 활용해 인지도를 확장하였다면, 반응도를 보인 유저를 기반으로 해당 유저들이 어떠한 지면, 주제에 관심을 가지고 있는지 파악하고 내 브랜드 관심 유저들이 위치해 있을법한 지면에 노출시키는 전략이 중요하다.

1차적으로 확장된 유저들에게 인지도 제고를 했다면, 이후 해야 할 것은 반응도를 보인 유저들의 길목에 우리의 광고를 노출시키는 것이다. 이럴 때 가장 적합하게 활용할 수 있는 타겟 전략이 바로 지면 타겟팅이다.

광고 상품별 타겟 전략

1) 트루뷰 인스트림(TrueView Instream)
- 인스트림의 경우 주제, 채널 타겟팅을 활용하는 전략을 추천한다.

광고가 영상 앞단에 강제적으로 노출되기 때문에 내 브랜드, 소재에서 전달하고자 하는 스토리와 관련된 영상 앞단에 노출되는 것이 중요하다. 유저가 시청하고자 하는 영상과 비슷한 주제의 광고를 노출시켜 유저들의 100% 재생 시청시간을 증대시킬 수 있다.

주제 타겟팅은 구글이 머신 러닝(machine learning)을 통해 유튜브에 업로드된 영상들을 모두 크롤링한 후 라벨링해(labeling) 놓은 채널, 영상을 우리 주제에 맞춰 타겟팅하는 기법이다.

채널 타겟팅의 경우, 수익 창출을 하고 있는 채널이라면 어떠한 채널 앞에도 우리의 광고 노출이 가능하다. 우리 주제와 적합한 인기 채널에도 노출시킬 수 있는 장점이 있기 때문에 브랜드 세이프티(Brand Safety)*를 지키면서 브랜드 관여도를 높일 수 있는 타겟팅 기법 중 하나이다.

채널 외에도 원하는 유튜브 영상에도 광고 노출이 될 수 있도록 설정 가능하기 때문에, 노출을 원하는 영상이 있다면 함께 타겟팅해보도록 하자.

다만 이 채널 타겟팅의 경우 광고 인벤토리가 상대적으로 적어 광고 노출이 매우 한정적일 수 있다. 또한 인지도가 높고 인기 있는 채널의 경우 많은 브랜드가 해당 채널을 타겟팅하기 위해서 입찰경쟁을 한다. 때문에 입찰가를 10%~20% 정도 높게 설정하여 노출 추이를 파악하는 것이 좋다.

2) 트루뷰 디스커버리(TrueView Discovery)
- 디스커버리의 경우 키워드 타겟팅을 위주로 활용하는 전략을 추천한다.

특히 디스커버리 상품의 장점인 노출되는 지면을 고려한다면 키워드 타겟팅은 아주 적합한 타겟 기법이 아닐 수 없다. 우리 브랜드와 관련된 혹은 타겟 유저가 관심 있을법한 키워드가 담긴 지면에 노출시켜 유저의 관심도를 환기시킬 수 있다.

또한 디스커버리의 경우, 배너 형태로 노출되기 때문에 우리 타겟 유저가 있을 법한 길목에 적합하게 노출할 경우 디스플레이형 광고 효과도 나타날 수 있다.

다만 여기서 주의할 점이 있는데, 구글 키워드 타겟팅의 경우 네이버 키워드 검색광고와는 다르다는 점이다. 키워드 타겟팅을 한다고 해서 무조건 노출되는 것이 아닌 내가 설정한 키워드가 포함되어 있는 지면 혹은 영상에 따라 노출된다.

가장 많은 질문 중 하나가 키워드 타겟팅을 설정했음에도 해당 키워드 검색 시 우리 광고가 노출이 되지 않는다는 것이다. 이는 유튜브 인벤토리와 다양한 알고리즘상 노출이 되지 않았을 가능성이 높다. 또한 네이버처럼 노출 보장형이 아니기 때문에 100% 노출되지 않는 점은 꼭 숙지하여 운영하도록 하자.

---

*   브랜드 세이프티(Brand Safety): 부적절한 광고 노출 지면으로부터 안정성 확보

트루뷰 인스트림 & 디스커버리 광고 설정 방법

01

캠페인 생성
구글애즈 첫 페이지에서 + 버튼을 눌러 새 캠페인을 생성한다.

캠페인 생성

02

캠페인 목표
목표별 유튜브 광고 상품 선택 시 인스트림, 디스커버리 각 하위 유형은 아래와 같다.
- **트루뷰 인스트림**: 제품 및 브랜드 구매 고려도 / 브랜드 인지도 및 도달범위 / 목표에 따른 안내 없이 캠페인 만들기
- **트루뷰 디스커버리**: 제품 및 브랜드 구매 고려도 / 목표에 따른 안내 없이 캠페인 만들기

여기서 알아두어야 할 것은 목표 선택의 경우 구글에서 분류하기 편하게 나눠놓았기 때문에 실적에는 영향을 끼치지 않는다는 것이다.

인스트림 광고 캠페인 목표 설정

인스트림 광고 캠페인 유형 설정

03

캠페인 단에서 예산, 네트워크 설정

예산 옵션은 일예산과 총 예산을 선택할 수 있다. 캠페인 변동 상황에 따라 유연하게 대처할 수 있는 일예산을 권장한다.

광고가 유튜브에만 노출되게 하고 싶다면 유튜브 동영상을 선택해야 한다. 디스플레이 네트워크를 선택할 경우, 구글과 제휴한 다른 동영상 플랫폼 혹은 모바일 앱 지면에 노출될 수 있다.

트루뷰 인스트림의 입찰 전략은 최대 CPV이다.

캠페인 만들기

04

광고그룹 단에서 타겟팅, 입찰가 설정

타겟팅은 사용자 기반과 콘텐츠 기반으로 나눠져 있으며 세부적으로 설정 가능하다.
인스트림은 평균 30원~40원 내외로, 디스커버리는 50~60원 내외로 설정하고 캠페인 운영 시 상/하향 조정을 할 것을 권장한다.

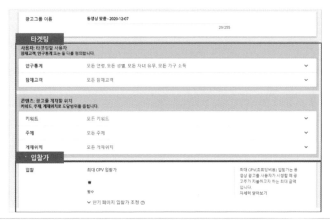

광고그룹 만들기

05

광고 소재 설정

유튜브 광고는 유튜브에 업로드된 동영상 URL을 광고 소재로 사용한다. 단, 영상 파일 형태로는 설정할 수 없음에 유의하자.
영상은 공개, 일부 공개 상태에서만 설정이 가능하며 비공개 영상은 활용이 불가능하다.
트루뷰 동영상 광고 형식으로는 두 가지 형태가 있으며 건너뛸 수 있는 인스트림 광고와 동영상 디스커버리 광고로 분류된다.

동영상 광고 만들기

06

광고 소재 설정– 인스트림

유튜브 광고는 유튜브에 업로드된 동영상 URL을 광고 소재로 사용한다.

- **필수 요소**: 유튜브 동영상 / 랜딩 URL
- **선택 요소**: 클릭 유도문안

랜딩 페이지의 경우 브랜드 사이트 혹은 유튜브 채널 등 이슈가 없는 페이지는 모두 진행이 가능하기 때문에 원하고자 하는 랜딩을 적용하면 된다. 단, 축약 링크는 활용할 수 없다는 점을 참고하자. 랜딩 적용 이후 클릭 유도문안까지 설정할 수 있는데 이 기능을 활용하면 하단 이미지와 같이 파란색 클릭 유도문안이 활성화된다.

인스트림 광고 설정 예시 화면

인스트림 클릭 유도문안 적용 시 예시 화면

광고 소재 설정- 디스커버리

- **필수 요소**: 유튜브 동영상 / 미리보기 이미지 / 제목 / 설명1, 2
- **특이 요소**: 미리보기 이미지 경우 유튜브 채널에서 수정 가능

미리보기 이미지의 경우 랜덤으로 4가지가 제시된다. 설정 단에서 추가하는 것은 불가능하고, 영상 업로드 시 맞춤 썸네일을 설정하면 이렇게 설정 화면에도 맞춤 썸네일이 노출된다. 그 외 추가로 구글에서 추천해주는 3가지 이미지를 활용할 수 있다.

디스커버리 광고 설정 예시 화면

디스커버리 광고 문안 예시

▶ 매출 상승을 위한 유튜브 광고 전략

앞선 인지도 단계와 고려도 단계의 상품을 활용하여 우리 브랜드를 알리고, 웹사이트로 유저가 들어오게 했다. 이제는 우리 브랜드를 알고 있는 유저를 비즈니스의 고객으로 만들어 나의 비즈니스에서 가치 있는 행동을 하도록 유도해 보자.

입찰방식	인지도 CPD or CPM입찰	구매 고려도 CPV 입찰	액션 CPA or 전환수 극대화
마스트헤드	○		
트루뷰 포 리치	○		
건너뛸 수 없는 광고	○		
범퍼애드	○		
아웃스트림 (GVP)	○		
트루뷰 디스커버리		○	
트루뷰 인스트림		○	
트루뷰 포 액션			○

마케팅 퍼널 액션 단계

브랜드 인지도 단계와 고려도 단계에서 브랜드 충성도를 쌓은 유저들이 우리 비즈니스의 제품을 구매하게 하려면 어떻게 해야 할까? 유저들이 상품을 구매할 수 있도록 비즈니스 및 상품을 지속적으로 노출하고 특가, 할인 중, 구매하기 등 유저의 행동을 유도하는 문안을 통해 액션(구매)를 유도해야 한다.

이번 챕터에서는 시청자의 시선을 끌어 액션, 즉 웹사이트 방문이나 제품 구매로 이어지게 하는 유튜브 상품에는 어떤 것이 있을지 한번 알아보자.

유튜브 퍼포먼스 캠페인을 위한 준비, 전환 설정

전환이란?

이제 비즈니스의 퍼포먼스 향상을 위해 웹사이트로 들어온 유저가 웹사이트를 재밌게 탐색하고, 제품이나 서비스를 구매하게 하여 나의 비즈니스에서 가치 있는 행동을 일으키게끔 해야 한다.

이 가치 있는 행동을 '전환'이라고 하며 퍼포먼스 마케팅에서 가장 중요한 것도 바로 이 전환이다. 전환은 쉽게 생각하면 캠페인을 운영하는 목표라고 할 수 있다.

유저가 광고와 상호 작용(예: 텍스트 광고 클릭, 동영상 광고 조회)을 한 후 온라인으로 제품을 구매하거나 업체로 전화를 거는 등 비즈니스에 가치 있는 액션을 할 때, 이 행동이 전환으로 집계된다.

예를 들어 제품을 구매했는지, 뉴스레터를 신청했는지, 내 비즈니스에 전화했는지 또는 내 앱을 다운로드했는지 등 내 비즈니스에 가치 있는 활동으로 정의한 액션을 고객이 취했을 때 전환이 발생했다고 한다.

이렇듯 퍼포먼스 캠페인을 진행하게 되면, 비즈니스에서 가치 있는 목표로 정의한 액션에 초점을 맞춰 캠페인이 최적화된다. 캠페인은 더 많은 전환수를 얻는 혹은 전환당 비용, ROAS 등을 맞추는 방향으로 최적화된다.

퍼포먼스 캠페인을 위해 전환 설정하기

유저의 액션을 목적으로 하는 퍼포먼스 캠페인은 그냥 시작할 수 없다. 먼저 비즈니스별로 가치 있게 생각하는 유저의 액션이 무엇인지 구글애즈 시스템에 알려주어야 한다. 이때, 액션을 시스템에 알려주는 것을 전환 추적 설정이라고 한다. 전환 추적 설정에는 3가지 방법이 있다.

- **전환 추적 설정 방법 3가지**
  - ① 구글애즈 전환 태그를 사이트 내에 직접 삽입하는 방법
  - ② 구글 애널리틱스에서 설정한 주요 목표를(전환) 가져오는 방법

③ 구글 태그 매니저를 활용하여 설정하는 방법

유튜브에서는 전체 전환 측정 및 성과 분석을 위해 구글애즈 전환 태그를 이용하는 것을 추천한다.

구글애즈 전환 태그 설정 절차

우선 전환 액션을 만들고 전환 태그를 설정하기 위해서는 다음과 같은 세 가지 요건을 갖추어야 한다.

- 구글애즈 계정에서 전환 액션을 만들 수 있다.

- 웹사이트를 수정할 수 있는 권한이 있다.

- 웹사이트 내에 전환으로 설정할 페이지 혹은 버튼을 확인할 수 있다.

위 세 가지 사항에 이슈가 없다면 이제부터 전환 태그를 설정하는 방법을 차근차근 알아보자. 다음과 같은 순서로 전환 태그를 설정하고 사이트 내에 삽입하면 된다.

01

[도구 및 설정]-[측정]-[전환] 선택
우선 전환 캠페인을 운영할 구글애즈 계정으로 접속한 후, 우측 상단에서 [도구 및 설정] - [측정] - [전환]을 클릭한다.

구글애즈 [도구 및 설정]-[측정]-[전환]

[전환]을 클릭한 후 보이는 페이지에서는 해당 계정에서 중요한 가치로 설정할 모든 전환을 등록하고 관리할 수 있다. [전환 액션] 탭에서 + 버튼을 눌러 전환을 생성해보자.

전환 액션 만들기

02

전환 추적을 위한 전환 액션 만들기

+ 버튼을 누르면 아래와 같이 추적하려는 전환 유형을 선택할 수 있다.

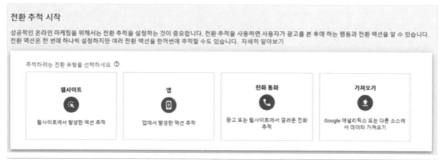

전환 액션 설정하기

- **웹사이트**: 내 웹사이트에서 발생한 전환(온라인 판매, 링크 클릭, 페이지 조회, 가입)을 추적
- **앱**: 유튜브 광고에서 쓰이는 전환은 아니지만 앱과 관련된 전환을 추적 (예: 앱 설치, 앱 내 구매, 인 앱 액션(가입, 튜토리얼 완료 등))
- **전화 통화**: 캠페인을 통한 광고 상담 전화 등을 추적
- **가져오기**: 구글 애널리틱스를 통한 목표 전환 데이터를 불러옴

그중에서 가장 많이 사용하는 웹사이트 전환을 설정해보자.

전환 유형을 선택한 후에는 전환 카테고리, 전환 가치, 전환 횟수, 전환 기간을 선택할 수 있다.

'구매'로 전환을 설정한다면 카테고리를 [구매]로 선택한 후 전환 이름을 입력하면 된다. 전환 이름의 경우 추후 확인할 수 있도록 전환 카테고리와 전환 추적기간 등을 포함하여 작성하는 것이 좋다.

- **전환 가치 설정하기**: 전환 액션 설정을 마친 후 전환의 가치를 설정할 수 있다.

전환 가치 설정

전환 가치 설정은 앞으로 유저로부터 발생할 전환이 어느 정도의 가치를 가질지 값을 매기는 것이다.

여러 가지 제품을 판매하고 구매를 캠페인의 목적으로 하는 경우에는 제품 구매 시 발생하는 가치가 다를 수 있다. 이때는 하나의 전환 가치를 이용하는 것이 아닌 각 제품에 대해 서로 다른 가치를 사용할 수 있으며, 각 전환에 대해 고유한 값이 집계된다.

전환 가치를 설정하면 전환수 최대화 또는 타겟 광고 투자수익(ROAS) 자동 입찰 전략을 사용할 수 있다.

- **전환수 최대화 전략**: 선택한 전환이 가장 많이 발생할 수 있도록 최적화하는 전략
- **타겟 광고 투자수익(ROAS) 입찰 전략**: 설정한 평균 광고 투자수익에 도달하면서 전환 가치를 극대화하는 전략. 다시 말해, 광고 비용당 얻고자 하는 평균 전환 가치(판매 수익 또는 수익 마진 등)를 설정하면 해당 가치에 맞춰 최적화하게 되는 전략

[이 전환 액션에 가치를 사용하지 않음]을 선택할 경우 설정한 전환의 가치는 항상 0으로 집계된다.

- **전환 횟수 선택**: 전환 가치를 설정한 후 전환 데이터를 계산할 횟수를 선택한다.

전환 횟수 선택하기

전환 액션을 집계하는 방식에는 1) 상호 작용 이후에 발생한 전환을 모든 집계하는 방식과 2) 상호 작용 이후에 발생한 전환을 한 번만 집계하는 방식이 있다. 이때 목표로 하는 전환 액션이 무엇인지에 초점을 맞춰 선택하면 된다.

예를 들어 설문조사, 회원가입의 경우 유저별로 한 번만 가능하거나 첫 번째 상호 작용만 가치가 있기 때문에 '1회'로 설정하면 된다.

구매의 경우 구매가 발생할 때마다 비즈니스에 가치가 더해지기 때문에 모든 전환수가 중요하다. 이때는 전환 횟수를 '매회'로 선택하면 된다. 이 설정을 선택하면 유저가 광고와 상호 작용을 한 이후에 추적하는 전환 액션을 일으킬 때마다 전환으로 집계된다.

- **전환 추적 기간 설정**: 전환 횟수를 집계한 이후에는 광고 노출 후 얼마의 기간 이내에 발생한 전환까지 포함할 것인지를 설정하는 [클릭연결 전환 추적 기간]과 [조회 후 전환 추적 기간]을 선택한다.

[클릭연결 전환 추적 기간]은 유저가 광고와 상호 작용을 한 후 특정 기간 내에 발생한 전환을, [조회 후 전환 추적 기간]은 유저가 광고를 본 후 특정 기간 내에 발생한 전환을 해당 광고가 노출된 날의 전환수로 집계한다.

그 후 여기까지 설정한 전환을 [전환]열에 포함하면 기본 설정이 완료된다.

전환 상세 설정

03

설정한 전환 액션 태그를 웹사이트에 추가하기

설정을 모두 완료했다면, 해당 설정 조건을 가진 전환데이터를 분석할 수 있도록 태그를 웹사이트에 추가해야 한다.

전환 태그 발급 방법

구글애즈 태그를 사이트에 직접 설치하는 경우에는 [직접 태그 설치]를 클릭하고, 구글 태그 관리자를 통해 설정하는 경우에는 [Google 태그 관리자 사용]을 클릭하여 설정하면 된다. 웹 개발자에게 코드를 전달하는 경우에는 [이메일로 태그 보내기]를 클릭한 후 해당 태그를 목표로 하는 전환 액션 발생 시 발동될 수 있도록 삽입해달라고 하면 된다.

전환 태그

[직접 설치]를 선택할 경우 앞의 이미지와 같이 스니펫 코드가 발급된다. 이제 이 태그를 복사한 후 전환 액션이 발생하는 페이지(예: 구매 완료 페이지)의 〈head〉〈/head〉 태그 사이에 붙여넣으면 된다.

클릭(구매하기 버튼 클릭, npay 버튼 클릭 등)을 추적하려는 경우, 해당 이벤트 스니펫 유형을 클릭으로 선택한다. 스니펫을 추적할 페이지의 〈head〉〈/head〉 태그 사이, 전체 사이트 태그 바로 다음에 붙여넣고 선택한 링크 또는 버튼을 사용자가 클릭하면 gtag_report_conversion을 호출하게 설정하면 된다.

구매 전환 액션을 설정했고 자동 태그 추가가 사용 설정됨

다음 단계:
- 전환 추적을 이용하려면 전체 사이트 태그 및 이벤트 스니펫(예: 추적하려는 버튼, 링크 또는 이미지에 적용하는 onclick 태그)을 웹사이트에 추가해야 합니다. 자세히 알아보기
- 태그가 작동하는지 확인하려면 '전환 액션' 페이지에서 추적 상태를 확인하세요. 태그가 웹사이트에서 작동 중인지 확인하는 데 몇 시간이 걸릴 수 있습니다. 자세히 알아보기
- Chrome용 Google Tag Assistant 플러그인으로도 태그의 작동 여부를 확인할 수 있습니다.
- 서버에서 광고 클릭을 리디렉션하는 경우 Google 클릭 ID(GCLID) URL 매개변수가 방문 페이지로 전송되는지 확인하세요. 자세히 알아보기
- 언제든지 이 전환 액션의 설정을 수정할 수 있습니다.

완료

전환 태그 발급 완료 화면

여기까지 설정하면 구글애즈 캠페인이 목표로 할 수 있는 전환을 설정한 것이다.

전환의 경우 해당 코드가 어떻게 심어졌는지, 어느 위치에 심어졌는지도 매우 중요하다. 그러니 해당 코드가 정확한 위치에 잘 삽입되었는지 확인하도록 하자.

04

전환 액션 태그 확인하기

		전환 액션	소스	카테고리	추적 상태	횟수	클릭연결 전환 추적 기간	'전환'에 포함	모든 전환
☐	●	구매	웹사이트	구매	확인되지 않음	매회	30일	예	0.00
총계: 모든 전환 액션									0.00

전환 카테고리

전환 태그를 설정한 후 전환 카테고리에서 만든 전환 액션을 확인할 수 있다. 태그가 잘 심겨졌다면 [추적 상태]를 통해 데이터가 수집되고 있음을 확인할 수 있다.

'추적 상태'는 특정 액션의 전환을 추적할 수 있는지 여부를 나타내며, 지난 7일간의 데이터를 기반으로 한다. 추적 상태는 업데이트까지 최대 48시간이 소요되므로 해당 부분에 데이터가 잡히는지 확인한 후 전환 캠페인을 시작하는 것을 추천한다.

퍼포먼스를 위한 트루뷰 포 액션(TrueView for Action) 시작하기

이제 전환 설정이 모두 완료되었으니 전환 목표에 맞춰 최적화하고 전환을 유도할 캠페인을 생성해보자.

구글은 전환을 유도하는 목적의 다양한 상품들을 런칭했다. 그중에서 대표적 유튜브 상품인 트루뷰 포 액션에 대해 알아보자.

트루뷰 포 액션 캠페인 (출처 : 구글 TFA 자료)

트루뷰 포 액션(TrueView for Action)은 우리가 원하는 고객 액션을 이끌어내는 유튜브 퍼포먼스형 광고로 클릭 유도문안과 광고 제목을 사용해 액션을 유도하는 상품이다. 광고의 기본 형태는 앞서 설명한 인스트림 광고와 동일하게 영상 노출 시 CTA*가 함께 노출되는 형태로, 광고 종료 후 5초간 클릭을 유도할 수 있는 최종 화면이 한 번 더 노출된다는 특징이 있다.

트루뷰 포 액션 캠페인의 형태

트루뷰 포 액션의 경우 영상을 통해 원하는 전환, 대표적으론 구매를 일으키는 것이 목표이다. 그렇기 때문에 그 영상 역시 물건이나 서비스를 구매하도록 유도하는 데에 초점이 맞춰져 제작된다. 유튜브 크리에이터와 협업한 영상 혹은 후기 영상, 제품의 기능을 시연하고 구매 혜택을 강조한 영상을 광고 소재로 많이 활용하고 있다. 최근에는 영상뿐만 아니라 CTA와 광고 확장 기능과 같이 구매를 유도할 수 있는 기능들을 잘 활용하는 브랜드들이 많다.

CTA에는 '할인' 등 혜택과 관련된 메시지를 넣어 구매를 유도할 수 있으며, 다음의 사례와 같이 CTA와 함께 구매 혜택이 포함된 사이트 링크 문안이 함께 확장 노출되도록 설정할 수도 있다.

트루뷰 포 액션 캠페인의 실제 집행 사례 -(좌) CTA 확장 형태, (우) 사이트링크 확장 노출 형태

---

* CTA(Call To Action): 시청자의 행동을 유도하는 것. 유튜브에서는 클릭유도문안을 쓰는 파란색 버튼을 CTA 버튼이라고 한다.

- **트루뷰 포 액션 평균 광고 성과**

전환 캠페인의 경우 목표하는 전환이 무엇인지, 전환까지의 단계가 많은지 등 여러 영향을 받기 때문에 평균 전환 효율은 파악하기 어렵다.

소재의 영상 효율은 아래와 같다.

- **CTR(클릭률)**: 0.3~0.6%
- **VTR(조회율)**: 10 ~17%
- **CPV(조회당 비용)**: 50 ~ 80원

트루뷰 포 액션 캠페인을 성공적으로 운영하기 위해서는 액션 캠페인 진행 시 캠페인에서 전환이 꾸준히 발생할 수 있도록 학습시키는 것이 중요하다.

캠페인 학습은 목표 전환이 발생한 모든 경우의 수, 즉 전환 모수을 분석하여 학습되기 때문에 이 전환 모수를 지속적으로 확보하는 것이 중요하다.

입찰 전략은 전환수 최대화 입찰 전략으로 전환 학습을 시작하여 최적화를 이룬 이후 tCPA 비딩으로 전환하여 운영하는 것을 권장한다. 전환수 최대화 전략으로 운영 시 일예산은 예상되는 CPA의 10배 이상으로 설정하여 일 전환수가 5개 이상 발생하도록 학습을 시키는 것이 중요하다. 만약 일예산을 CPA 단가의 2~3배로 설정할 경우 1~2주 이상 운영에도 하루 동안 전환수가 5개 이상 발생하지 않기 때문에 캠페인이 학습되지 않는다.

트루뷰 포 액션 캠페인 타겟팅 전략

전환 가능성이 가장 높은 사
용자에게 도달

총 유효
잠재고객

확실한 의도
잠재고객

+

리마케팅, 맞춤 의도 잠재고객,
기타 의도 기반 잠재고객

YouTube에서
즉각적인 행동 유도

지금 구매

액션 TrueView
+ 타겟 CPA 입찰/전환 최대화 입찰

트루뷰 포 액션 캠페인 타겟팅 전략 (출처: 구글 TFA 자료)

액션 캠페인은 확실한 전환 의도를 가지고 있는 잠재고객(리마케팅, 맞춤의도 잠재고객)으로 시작하는 것이 중요하다.

전환수 최대화 전략의 경우 그중 더 딥(deep)한 퍼널 단계인 리마케팅(유사 잠재고객, 리마케팅, 고객일치 타겟팅)으로 진행하는 것을 추천한다. 타겟 CPA 전략을 활용할 때에는 전환수를 늘리기 위해 중간/상위 퍼널로 타겟 확장이 필요하기 때문에 맞춤의도 잠재고객과 구매의도 잠재고객을 활용하는 것을 권장한다.

이때 일반적으로 리마케팅 모수에서 이끌어낸 전환의 CPA(전환당 단가)가 가장 낮고, 상위 퍼널로 올라갈수록 CPA값은 상승하게 되며 트루뷰 포 액션에서는 어떤 타겟에 맞춰 캠페인을 실행하느냐가 CPA 값을 맞추는 데 있어서 중요한 요소로 작용한다.

트루뷰 포 액션 캠페인 설정하기

트루뷰 포 액션 캠페인 역시 설정 방법은 트루뷰 인스트림 광고와 동일하다.

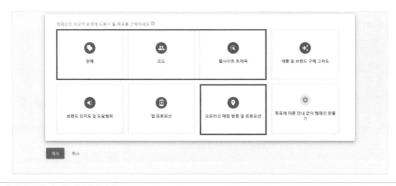

전환 캠페인 설정이 가능한 캠페인 목표

캠페인 목표 설정하기

캠페인 목표는 [판매], [리드], [웹사이트 트래픽] 혹은 [목표에 따른 안내 없이 캠페인 만들기]를 선택하고 캠페인 유형은 [동영상]을 선택한다.

[판매], [리드], [웹사이트 트래픽]을 선택한 경우에는 자동적으로 캠페인 하위 유형이 [전환 유도]가 선택된다. [목표에 따른 안내 없이 캠페인 만들기]를 선택한 경우에는 캠페인 하위 유형으로 [전환을 유도하세요]를 선택하면 된다.

트루뷰 포 액션 캠페인 설정을 위한 캠페인 하위 유형

트루뷰 포 액션 캠페인 입찰 전략 선택하기

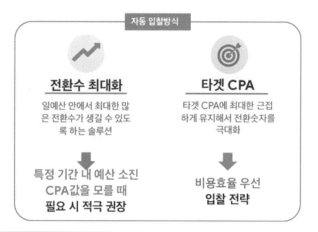

트루뷰 포 액션의 자동 입찰방식 (출처 : 구글 TFA 자료)

전환 캠페인의 경우 캠페인 운영 시 머신러닝에 의한 스마트 비딩 방식으로 운영 최적화를 진행하게 된다. 스마트 비딩 방식으로는 전환수 최대화 전략과 타겟 CPA 전략이 있다. CPA는 Cost Per Action으로 전환 액션당 비용이다. 타겟 CPA 전략은 목표로 설정한 CPA 수준에 맞춰 운영하는 것을 말한다.

· **전환수 최대화 전략**

전환수 최대화 전략은 설정한 예산 내에서 최대한 많은 전환이 발생하도록 구글애즈에서 입찰가를 자동으로 설정한다.

트루뷰 포 액션 캠페인의 입찰 전략

전환수 최대화 전략은 비디오 캠페인을 처음 운영하여 CPA 기준이 없는 경우와 시즈널 캠페인을 간헐적으로 진행하는 경우 운영하는 것을 권장한다. 전환 캠페인이 처음일때도 해당 입찰 전략으로 운영하며 캠페인 학습을 하는 것을 추천한다.

전환수 최대화 전략 운영 후 약 1~2주간의 평균 CPA가 확인이 되었다면 입찰 전략을 타겟 CPA로 변경해도 좋다. 타겟 CPA는 목표CPA 내에서 전환 최적화가 필요한 경우 활용하는 것을 추천하며, 목표 단가가 적절하지 않은 경우 노출이 저조할 수 있어 반드시 적정 단가 설정이 중요하다.

- **타겟 CPA 전략**

타겟 CPA 전략은 설정한 타겟 전환당 비용(CPA)을 넘지 않는 선에서 최대한 많은 전환이 발생하도록 구글애즈에서 입찰가를 자동으로 설정하는 방식이다.

타겟 CPA는 이미 비디오 캠페인을 진행한 경험이 있어 계정 내 CPA 기준이 파악이 된 경우와 광고주의 명확한 CPA 목표가 있는 경우에 진행하는 것을 권장한다. 또한 설정 단계에서 추천 기능이 활성화된 경우에는 계정 내에서 추천하는 단가를 참고하여 설정하는 것을 권장한다. 학습을 위해 일예산은 타겟 CPA 단가의 20배 이상으로 설정하는 것이 필요하다.

두 전략 모두 입찰 전략이 전환수 혹은 타겟 CPA에 맞춰져 있기 때문에 전환 발생 시에만 과금된다고 생각할 수도 있으나, 사실은 그렇지 않다. 전환을 일으킬 것 같은 유저에게 광고가 게재될 때마다 최적의 1,000회 노출당 비용(CPM) 입찰가를 자동으로 찾아주는 방식이기 때문에 CPM을 기준으로 요금이 청구된다.

캠페인의 목표로 설정할 전환 선택하기

입찰 전략 뿐만 아니라 캠페인을 어떤 전환을 목표로 학습시킬 것인지 설정하는 것이 매우 중요하다.

캠페인 설정 중간에 최적화할 전환을 선택할 수 있는데, 계정 수준 [전환]에 포함 설정을 사용할 경우 앞서 설정한 캠페인 전환을 모두 목표 전환으로 설정하는 것이다.

캠페인 내 전환이 한 가지 뿐이라면 해당 전환을 선택하여 설정하면 된다.

만약 캠페인 내 전환을 구매, 장바구니, 웹사이트 방문자 등 여러 개를 설정했고, 이번 캠페인 목표는 구매라면 여기서 [이 캠페인에 사용할 전환 액션 선택]을 누른 후 목표로 할 전환 액션을 선택하면 된다. 만약 장바구니와 구매 모두 전환 목표라면 전환 액션 조합을 설정하여 설정하면 된다.

전환	이 캠페인의 '전환' 열에 포함하여 스마트 자동 입찰에 사용할 전환을 선택하세요. ⑦	
	◉ 계정 수준 '전환에 포함' 설정 사용 ⑦	
	○ 이 캠페인에 사용할 전환 액션 선택	

캠페인의 목표로 설정할 전환 선택하기

광고 소재 설정 시 권장 사항

입찰 전략과 타겟팅을 모두 설정하였다면, 이제 광고 소재를 설정할 차례다. 광고 설정은 인스트림과 거의 동일하나 광고의 효율적인 운영을 위한 몇가지 권장 사항이 있다.

효율적인 광고 운영을 위한 권장 사항

① 한 캠페인/광고 그룹에 5개 이상 소재를 설정하는 것을 권장하며 적어도 2~3개의 광고를 한 개의 광고 그룹에 넣는 것을 추천한다.

5개 이상의 소재 운영 시 머신이 다양한 광고에 대한 학습 기회를 제공하여 최적의 전환율을 만들 수 있기 때문이다. 1개 또는 2개의 광고만을 운영한다면 머신의 학습 기회가 적어지기 때문에 최적화를 저하시킬 수 있다.

② 만약 영상 소재가 1개 뿐이라면 CTA 문안 및 제목을 여러 가지로 수정하여 설정해보자.

③ 캠페인 라이브 후에는 캠페인 내 광고 소재들의 노출이 원활히 발생하는지 확인하고 약 2주 이상 운영하며 노출이 잘 되지 않는 하위 2개 영상은 교체하며 운영하는 것이 좋다.

전환 성과를 분석하기 위한 '전환 추적 기준'

캠페인 운영 후 효율 확인에 앞서 전환 기준을 알고 있어야 한다.

유튜브에서는 동영상 캠페인을 통해 발생한 전환 성과를 보다 통합적으로 측정하고 있다. 전환은 크게 [광고와 상호작용한 후 발생한 전환]과 [조회 연결 전환]으로 나누어진다.

트루뷰 포 액션 전환의 종류 (출처: 구글 TFA 자료)

- **클릭 연결 전환(Click-through Conversion)**

[클릭 연결 전환]은 광고 클릭 후 웹사이트에서 전환이 발생한 횟수로 전환 설정 시 [클릭 연결 전환 추적 기간]에서 추적기간 설정이 가능하며, 이를 통해 광고 클릭 후 특정 기간 내 전환이 발생할 경우 집계된다.

해당 전환은 설정 시 구글애즈 대시보드 '전환수' 열에 포함된다.

- **조회 완료 전환(Video Engagement Conversion)**: 영상을 10초 이상 조회한 후 특정 기간 이내에 웹사이트에 방문하여 발생한 전환. 트루뷰 포 액션 캠페인의 경우 3일을 기준으로 조회 완료 전환이 집계된다.

해당 데이터 역시 클릭 연결 전환과 함께 구글애즈 대시보드 '전환수' 열에 포함된다.

- **조회 연결 전환(조회 후 전환)**: '영상에 1초라도 노출된 후에 특정 기간 이내에 웹사이트에 방문하여 전환이 발생한 횟수'가 포함된다.

[조회 연결 전환]의 기간은 앞선 전환 설정에서 [조회 후 전환 추적 기간]을 통해 설정할 수 있으며 기본 설정은 1일로 설정되어 있다.

해당 데이터는 구글애즈 대시보드에서 '조회 연결 전환' 열을 통해 확인할 수 있다.

캠페인 최적화 팁

- **설정 후 1~2주간 캠페인 변경은 지양**: 캠페인 설정 후에는 학습을 위해 처음 설정 사항에서 변경 없이 1주~2주 동안 머신이 학습할 수 있도록 해야 한다. 이때 전환수가 많다면 기간이 단축될 수 있으며(권장: 주당 전환수 >50건) 변경 사항(일예산, 입찰방식, 크리에이티브, 타겟팅 등)이 있을 경우 머신이 새로이 학습을 시작하게 되어 다시 학습 기간을 1~2주로 운영하는 것이 필요하다.

- **특히 CPA 단가 변경은 기존 단가의 10% 이내로 변경 권장**: 동영상 광고의 전환 소요 기간은 검색 광고 및 구글 디스플레이 광고(GDN)보다 길다. 빠르게 캠페인 효율을 판단하기보단 전환 소요 기간을 감안해 전환이 이루어지기까지 14일 이상을 기다려야 한다.

지금까지 유튜브에서 대표 퍼포먼스 상품이라고 할 수 있는 트루뷰 포 액션에 대해 알아보았다. 트루뷰 포 액션 캠페인을 잘 설계하여 설정하고 운영한다면, 내 비즈니스가 목표로 하는 유저의 액션을 이끌어 내고 더 나아가서는 매출에 좋은 성과를 얻을 수 있다. 실제로 Think with Google을 통해 공개한 자료에 따르면 LG 전자의 경우 트루뷰 포 액션 캠페인을 진행한 이후 전체 전환율과 매출이 상승되었다고 한다.

LG 전자의 트루뷰 포 액션 캠페인 운영 결과 (출처 : Think with Google)

성공적인 트루뷰 포 액션 캠페인을 위한 베스트 프랙티스 전략

- 액션 캠페인은 확실한 전환 의도를 가지고 있는 잠재고객(리마케팅, 맞춤의도 잠재고객)으로 시작하는 것이 중요

- 액션 캠페인은 전환수 최대화 비딩으로 전환 학습을 시작하여 최적화를 이룬 이후 tCPA 비딩으로 전환하여 운영하기

- 일예산은 전환수 최대화 시 예상되는 CPA 단가의 ×10, tCPA 비딩 시 ×20 설정

- 반드시 구글애즈 전환 설정을 통해 모든 전환을 트래킹

- 액션 캠페인에 적합한 광고 크리에이티브를 만들고, 적어도 5개 이상의 다른 광고 크리에이티브 소재를 사용하기

▶ 유저의 환경을 타겟팅하기 - 위치, 언어, 기기 타겟팅

타겟팅이란 어떤 유저에게 내 광고를 보여줄 것인지 정하는 방법이다. 구글애즈에서는 다양한 타겟팅 옵션을 제공하는 데 크게 3가지로 나눠볼 수 있다. 3가지 옵션은 1) 유저의 유튜브 시청 환경을 설정하는 타겟팅, 2) 광고가 노출되는 동영상 콘텐츠를 선택하는 콘텐츠 기반 타겟팅, 3) 시청자의 관심사와 성향을 고려한 유저 기반 타겟팅이다. 구글에서는 점점 더 고도화된 타겟팅 기법을 제공하고 있다. 이번 챕터에서는 다양한 타겟팅의 종류를 알아보고 직접 실전에 적용해보도록 하자.

위치 타겟팅(Location Targeting)

내가 일본 시장을 타겟으로 하는 브랜드의 마케터라고 가정해보자. 일본 지역에서 유튜브를 시청하고 있는 유저에게 광고를 노출할 방법이 있을까? 있다. 위치 타겟팅을 통해서 국가 단위의 타겟팅은 물론, 한 국가 내의 지역들을 타겟팅하는 것도 가능하다. 광고를 집행하다 보면 국내뿐만 아니라 해외에 거주하는 사용자를 대상으로 광고를 노출시켜야 하는 경우도 있다. 위치 타겟팅은 이렇게 내가 타겟으로 하는 지역이 정해져 있을 경우에 유용하다.

위치 타겟팅 설정 방법

위치 타겟팅은 캠페인 설정 시에 설정할 수 있고, 설정이 된 후 구글애즈의 [위치] 메뉴에서도 얼마든지 수정할 수 있다. 캠페인 설정 화면에서 위치를 설정해보자.

위치 타겟팅 설정 화면

전 세계를 대상으로 광고를 집행하려면 [모든 국가 및 지역]을 선택하고, 국내 대상의 광고라면 대한민국을 선택한다. 미국 중에서도 뉴욕 주에만 광고를 노출하고 싶거나, 국내 중에서도 서울, 경기도 등 수도권은 제외하고 광고를 노출하고 싶은 경우는 직접 위치를 입력해준다. 위치를 입력하는 방법은 다음과 같다.

01

[다른 위치 입력]을 선택한 후 타겟팅할 위치로 [뉴욕]을 입력한다. 그 후 [타겟]을 선택하여 타겟 위치로 선택한다.

특정 위치 타겟팅

02

[다른 위치 입력]을 선택한 후 [대한민국]을 검색하여 타겟팅할 위치로 선택한다. 그 후 제외 지역으로 [경기도], [서울]을 차례로 검색하고 제외를 선택한다.

제외 타겟팅

03

[고급검색]을 선택하면 중심 위치로부터 반경 1km의 범위도 타겟팅할 수 있다.

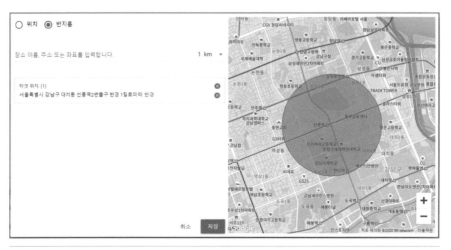

반경 타겟팅

언어 타겟팅(Language Targeting)

어떤 언어를 사용하는 유저에게 광고를 보여줄 것인지 결정하는 타겟팅이다. 언어 타겟팅에 영향을 미치는 요소는 2가지이다. 1) 구글 제품을(Gmail, 구글 검색 등) 사용하는 언어, 2) 구글 디스플레이 네트워크에서 유저가 조회한 콘텐츠의 언어이다. 즉, 대한민국에서 유튜브를 시청하는 유저일지라도 프랑스어로 키워드를 검색하고, 프랑스 사이트를 자주 방문하여 콘텐츠를 조회한 유저는 유튜브를 통해 프랑스인 대상의 광고를 볼 가능성이 있다.

언어 타겟팅 설정 방법

언어 타겟팅은 캠페인 설정 시 설정할 수 있고, 캠페인을 설정한 후라도 캠페인 설정에서 변경 가능하다.

프랑스에 거주하는 한국인을 타겟팅하려면 어떻게 해야 할까? 답은 지역에서 프랑스를 타겟팅하고, 언어는 한국어를 선택하면 된다. 단, 광고에 활용된 언어는 자동으로 번역되지 않기 때문에 타겟 유저가 사용하는 언어로 광고를 작성해야 함에 유의한다.

언어 타겟팅

기기 타겟팅(Device Targeting)

기기 타겟팅은 유저가 어떤 기기로 유튜브를 시청할 때 광고를 노출시킬 것인가를 결정한다. 선택할 수 있는 기기에는 컴퓨터, 휴대전화, 태블릿, TV 화면이 있다. 더 나아가서 기기의 운영체제, 기기 모델(아이폰, 갤럭시 시리즈 등), 유튜브 영상을 와이파이 환경에서 시청하는지, 통신사의 네트워크 환경에서 시청하는 지의 상황까지도 타겟팅할 수 있다.

최근에는 코로나19로 인해 집에서 머무르는 시간이 증가하면서 TV를 통해 유튜브를 시청하는 유저가 대폭 늘어난 것으로 파악됐다(관련 기사: 황순민, "1억명이 유튜브, TV로 본다", 〈매일경제〉, 2020.05.25). 이렇게 유튜브 시청 환경이 급변한 상황에서 TV를 통해 유튜브를 시청하는 유저를 대상으로 적극적으로 기기 타겟팅을 활용해볼 수 있을 것이다.

기기 타겟팅 방법

기기 타겟팅은 캠페인 설정 시 [추가 설정] 메뉴에서 설정할 수 있다. 캠페인 설정이 완료된 후에는 캠페인 단의 기기 메뉴, 광고그룹 단의 기기 메뉴를 선택하면 된다.

01

캠페인 설정 단에서 기기 타겟팅 설정하기

캠페인 설정 기기 타겟팅

02

광고그룹 단에서 기기 타겟팅 설정하기

기기 타겟팅을 설정하기를 원하는 광고그룹을 선택한 후 왼쪽 열의 [기기]를 클릭한다. 그 후 노출시키고자 하는 기기를 제외한 기기에 입찰가를 −100%로 조정한다. 모바일 환경에서만 광고를 노출시키고 싶다면 휴대전화, 태블릿을 제외한 컴퓨터와 TV 화면에 −100%를 적용한다.

캠페인과 광고그룹이 동일한 기기에 대해 서로 다른 입찰가 조정을 했다면 어떻게 될까? 이 때는 광고그룹의 입찰가 조정만이 적용된다. 다만 캠페인 수준에서 −100% 조정을 한 경우는 광고그룹의 입찰가 조정보다 우선한다.

	기기	수준	입찰가 조정
☐	컴퓨터	광고그룹	-100%
☐	휴대전화	광고그룹	–
☐	태블릿	광고그룹	–
☐	TV 화면	광고그룹	-100%

광고그룹 설정 메뉴에서의 기기 타겟팅

▶ 유저가 시청하는 동영상 콘텐츠를 타겟팅하기 - 콘텐츠 기반 타겟팅

게재위치 타겟팅(Placements Targeting)

유튜브에서 특정 채널, 특정 동영상만을 골라서 해당 영상에 광고를 노출시키는 타겟팅 기법이다. 브랜드의 타겟이 매우 협소하고 명확한 경우 특정 영상에서만 광고를 노출하여 그 지면에서는 확실하게 노출 점유율을 높일 수 있다. 또한 광고가 게재되는 위치를 관리할 수 있기 때문에 브랜드 세이프티를 확보할 수 있다는 장점도 있다.

다만 콘텐츠 타겟팅 중에서는 노출 범위를 제한하는 정도가 가장 높아서, 광고를 유저에게 보여주는 데 드는 비용도 다른 타겟팅보다는 높은 편이다. 한정된 지면을 두고 다른 광고들과 입찰 경쟁을 해야 하기 때문이다. 일반적으로 타겟팅이 협소할수록 광고를 보여주는 비용이 상승한다.

게재위치 타겟팅 설정 방법

캠페인 설정 화면 중간의 [광고그룹 만들기]에서 [콘텐츠: 광고를 게재할 위치] 파트 중 게재위치를 선택한다.

01

타겟팅할 채널/동영상의 URL을 알 때
광고그룹 설정 단에서 [모든 게재위치]를 클릭하고 하단의 [여러 게재위치 추가 +]를 클릭해 URL을 입력한다. 이때 게재위치 여러 개를 한 번에 추가할 수도 있다.

콘텐츠: 광고를 게재할 위치 키워드, 주제, 게재위치로 도달범위를 좁힙니다.		
키워드	모든 키워드	⌄
주제	모든 주제	⌄
게재위치	모든 게재위치	⌄

광고그룹 설정 단에서의 게재위치 타겟팅

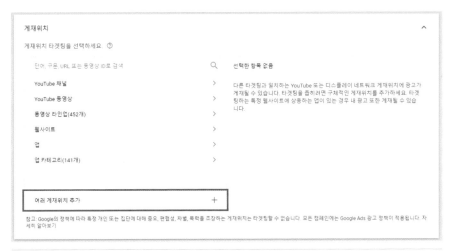

타겟팅할 게재위치 URL을 알 때

02

타겟팅하고 싶은 채널/동영상의 URL 정보를 모를 때

타겟팅하고 싶은 채널의 핵심 키워드를 먼저 검색해보고, 구글애즈가 추천해주는 채널/동영상을 선택한다.

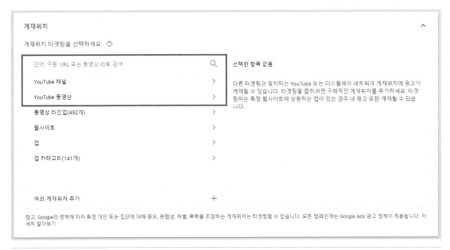

타겟팅할 게재위치 URL를 모를 때

게재위치 타겟팅 활용 팁

- 구글의 인구통계 타겟팅으로는 타겟팅이 불가능한 낮은 유아, 학생 타겟에게는 게재위치 타겟팅으로 도달할 수 있다.

- 브랜드와 관련 있는 긍정적인 리뷰, 소개 영상만을 골라서 영상을 시청하는 코어 타겟에게 도달할 수 있다.

- 반대로 브랜드에 부정적인 내용을 담은 영상, 채널을 골라서 제외 타겟팅할 수도 있다.

- 게재위치 타겟팅은 다른 타겟팅에 비해 노출 영역이 제한적이므로 여러 개 타겟팅을 교집합으로 적용하는 것을 지양한다.

주제 타겟팅(Topic Targeting)

주제 타겟팅은 콘텐츠 기반 타겟팅 중 비교적 넓은 범위의 타겟팅이다. 유저가 시청하는 유튜브 동영상들은 뉴스, 엔터테인먼트, 게임, 건강 같은 특정 주제들로 묶을 수 있다. 이 주제들 중에서 내 타겟 유저의 관심사를 고려하여 어떤 주제의 동영상을 주로 시청할지 카테고리를 타겟팅하는 기법이다.

'관심사를 추정하는데 왜 콘텐츠 기반 타겟팅인가?'라는 의문을 가질 수 있지만, 시청할 것 같은 콘텐츠를 타겟팅하는 개념이므로 콘텐츠 기반 타겟팅이다. 예를 들어 유튜브의 뉴스 채널만을 골라서 URL을 타겟팅하는 것은 게재위치 타겟팅이지만, 특정 게재위치가 아니더라도 뉴스라는 주제로 묶인 동영상들을 모두 타겟팅할 수 있는 것은 주제 타겟팅이다.

주제 타겟팅 설정 방법

게재위치 타겟팅과 마찬가지로 광고그룹 단에서 설정할 수 있다. '내 광고가 어느 종류의 영상에 게재되었으면 좋겠는가?'를 생각하면서 카테고리를 설정한다.

주제 타겟팅

키워드 타겟팅(Keyword Targeting)

유튜브 광고에서 키워드 타겟팅은 내 광고가 노출되었으면 하는 동영상 콘텐츠와 관련된 키워드를 타겟팅하는 방식이다. 내가 타겟팅한 키워드가 포함된 동영상 콘텐츠 앞에 광고가 노출된다.

그렇다면 썸네일 형태로 검색 결과 영역에 노출되는 트루뷰 디스커버리 광고는 키워드 타겟팅이 어떻게 적용될까? 예를 들어 미용 관련 키워드를 검색하면 미용 관련 광고가 노출되기도 하고 노출되지 않을 수도 있다. 검색 결과 영역에 광고가 노출되는 타겟팅 로직은 키워드뿐만 아니라 유저의 인구통계 정보가 반영되기 때문이다.

키워드 타겟팅은 일반적인 검색광고와 작동 방식이 비슷해서 혼동하기 쉽다. 하지만 검색광고처럼 브랜드 키워드만을 타겟팅하게 되면, 해당 키워드와 관련된 영상에만 광고가 노출되어 노출 범위가 매우 줄어들 것이다. 그보다는 내 타겟 유저가 유튜브에서 어떤 동영상을 시청할 것인가를 고려하여 해당 동영상에 포함된 키워드를 타겟팅하는 것을 권장한다.

키워드 타겟팅 설정 방법

광고그룹 만들기 파트에서 [콘텐츠: 광고를 게재할 위치] 중 키워드를 선택한다. 키워드를 바로 기입해도 되고, 비슷한 키워드를 더 추가하고 싶다면 [키워드 아이디어 얻기] 메뉴에서 키워드를 검색하면 된다. 예를 들어 '뷰티디바이스'를 검색하면 피부홈케어, 스킨케어 화장품, 피부미용기기 시장 등 키워드 아이디어를 보여준다.

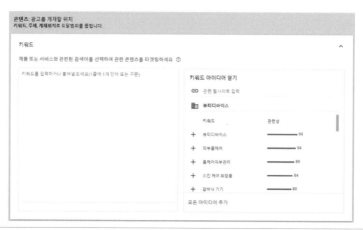

키워드 타겟팅

키워드 타겟팅 활용 팁

- 키워드 타겟팅을 활용하면 현재 화제가 되는 영상에 광고 노출 점유율을 높일 수 있다. 유튜브 홈의 [인기] 탭에서 실시간 인기 동영상을 확인하여 핵심 키워드들을 타겟팅한다.

- 트루뷰 디스커버리 상품에서 적극적으로 활용해야 한다. 검색영역 바로 하단에 노출되기 때문에 내가 타겟팅한 키워드의 관련 영상을 유튜브에서 검색하는 유저에게 노출시킬 수 있다.

▶ 내 타겟 유저는 어떤 관심사를 가지고 있을까? - 유저 기반 타겟팅

관심사/구매 계획 정보 타겟팅(Interest Category/Purchase Intent Targeting)

관심사/구매 계획 정보 타겟팅은 '유저' 기반의 타겟팅으로, 특정 카테고리의 관심사를 가지고 있는 유저를 선택하는 것이다. 스포츠, 엔터, 자동차, 홈 및 인테리어, 음악 등 관심사 카테고리는 구글의 분류에 따라 나뉘어 있다. 그렇다면 특정 유저가 '음악'에 관심이 있다는 것을 구글은 어떻게 알고 타겟팅하는 걸까? 사람들이 인터넷에 남기는 발자취가 그 비밀이다.

구글은 파트너 사이트에서의 인터넷 사용 정보, 구글에 로그인한 상태에서의 인터넷 활동, 유튜브 동영상 시청 정보 등을 바탕으로 유저의 관심사를 추측한다. 내가 어떤 관심사를 가진 유저로 분류되어 있는지 궁금하지 않은가?

유튜브에 로그인하여 우측 상단의 프로필 아이콘을 클릭하고 [YouTube의 내 데이터]를 선택한다. 해당 페이지 하단 항목인 [광고 개인 최적화]의 [광고 설정 업데이트]에서 확인할 수 있다.

[광고 설정 업데이트]에서 관심 분야 확인

그 밖에 구매의도를 가진 유저, 결혼/애완동물 입양/창업 등 생애 주요 이벤트를 경험한 유저를 타겟팅할 수 있다. 자녀 유무(자녀의 나이), 결혼 여부, 학력, 주택 소유 여부까지 선택할 수 있어서 유저를 더욱 세분화하여 타겟팅할 수 있다.

관심사 타겟팅/구매 계획 정보 타겟팅 설정 방법

광고그룹 만들기 파트에서 [사용자: 타겟팅할 사용자] 중 관심분야 및 습관 정보, 시장조사 또는 구매 계획 정보, 확장 인구통계 정보 각각에서 선택하면 된다. 아래는 관심 분야 및 습관 정보(관심사 타겟팅)의 예시이다.

관심사/구매 계획 정보 타겟팅

관심사 타겟팅 활용 팁

• 사용자 기반의 타겟팅 간에는 교집합이 적용되지 않는다.

예를 들어 관심사 타겟팅에서 '자동차 및 교통' 관심사와 '자동차' 구매의도를 동시에 선택하게 되면 합집합이 적용된다. 이와 반대로 교집합을 적용하는 방법도 있는데, 이 부분은 다음에 나올 "통합된 잠재고객 타겟팅"절에서 후술하였다.

맞춤 잠재고객 타겟팅(New Custom Audience Targeting)

내가 원하는 잠재고객을 만들어낼 수 있는 타겟팅이다. 일반적인 관심사 카테고리로는 정의할 수 없는 타겟 유저들을 찾을 수 있다. 여드름 피부 전용 스킨케어 브랜드라면, 그냥 피부 미용에 관심이 많은 유저보다는 여드름 피부에 좋은 화장품에 관심이 많은 유저를 타겟팅하고 싶을 것이다. 이처럼 브랜드에 적합한 유저를 찾는 데 매우 유용하다.

맞춤 잠재고객 타겟팅 설정 방법

[사용자: 타겟팅할 사용자] 중 하단의 [내 맞춤 잠재고객]을 클릭한다. [+새 맞춤 잠재고객]을 눌러 [다음 관심분야 또는 구매의도가 있는 사용자]를 클릭하고 키워드, URL, 앱, 장소 등을 입력한다. 해당 항목들은 합집합이 적용되어 요소를 추가할수록 노출 범위가 커진다. 예를 들어 아래와 같은 맞춤 잠재고객을 타겟팅한다고 해보자.

브랜드 A 담당자: *화장품 브랜드이지만, 여드름에 특화된 스킨케어 라인이므로, 여드름 화장품에 관심 있는 유저를 타겟팅하고 싶다.*

아래 이미지는 예시를 기반으로 맞춤 잠재고객 타겟팅을 설정한 것이다. 여기서 마케터의 상상력에 따라 키워드, 앱을 더 추가할 수도 있고, 장소, URL 등을 추가해볼 수도 있다.

맞춤 잠재고객 타겟팅

키워드, URL, 앱, 장소를 입력하면 유저가 타겟팅되는 방식은 아래와 같다.

① 해당 키워드에 관심이 있거나 구매 가능성이 높은 유저
② 입력한 URL과 유사한 사이트를 둘러보는 유저
③ 유사한 앱을 다운로드한 유저 (안드로이드만 해당)
④ 해당 장소 및 그와 유사한 장소에 방문할 것 같은 유저

예를 들어 화장품 정보 앱, 화장품 공구 앱, 카메라 보정 앱 등을 다운로드하였거나 '여드름에 좋은 화장품', '커버력 좋은 컨실러' 등 구문을 검색하는 유저에게 광고를 노출시킬 수 있다.

통합된 잠재고객 타겟팅(Combined Audience Targeting)

사용자 기반의 여러 가지 타겟팅을 조합하여 매우 상세하게 내 타겟 유저를 정의할 수 있는 타겟팅이다. 관심사 타겟팅과 구매의도 타겟팅 간 교집합 타겟팅이 가능하고, 맞춤 잠재고객 간 교집합 타겟팅도 가능하다. 제외 타겟팅 또한 가능하다. 우리 브랜드의 타겟 고객군을 최대한 세분화해서 상상해보자.

브랜드 B 담당자: *자동차에 관심이 많고, 특히 스포츠카 구매 의사가 있어야 한다. 결혼하지 않고 자신의 삶을 즐기고 있는 미혼 남녀를 타겟팅하고 싶다.*

미혼이여야 하고, 자동차에 관심이 있으면서, 스포츠카 구매의도를 가진 유저여야 하므로 자동차 관심사와 스포츠카 구매의도는 교집합이어야 하고, 결혼 여부에서 '기혼'을 제외 타겟팅하면 된다.

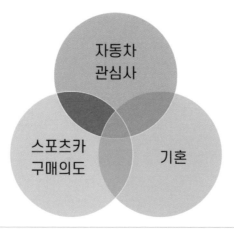

통합된 잠재고객 타겟팅 예시

위 내용을 바탕으로 타겟팅을 설정해보자.

통합된 잠재고객 타겟팅 설정 방법

[사용자: 타겟팅할 사용자] 중 하단의 [통합된 잠재고객]을 클릭한다. [+ 새 통합 잠재고객]을 클릭하여 사용자 기반의 타겟팅을 조합한다.

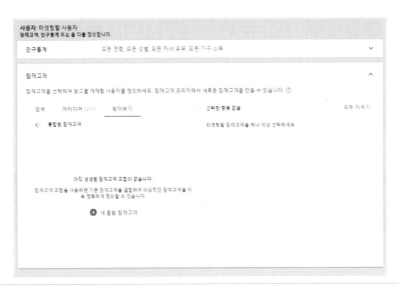

통합된 잠재고객 설정 방법 1

잠재고객에서 [자동차 애호가]를 선택하고, AND 조건으로 [스포츠카 구매의도]를 선택한다. 그리고 AND 조건으로 [기혼]을 제외 타겟팅한다.

통합된 잠재고객 설정 방법 2

▶ CRM 마케팅처럼 유튜브로 우리 고객을 관리하자 – 리마케팅

일반적으로 CRM 마케팅은 이메일이나, 문자 메시지, 푸시 알림 등으로 고객을 지속적으로 관리하는 타겟팅을 칭한다. 그러면 유튜브 광고에서는 어떤 식으로 우리 브랜드의 잠재고객을 확보하고, 그들에게 지속적으로 메시지를 노출할 수 있을까? 방법은 바로 '리마케팅'이다. 브랜드 인지도 증대부터 나아가 퍼포먼스 성과까지 낼 수 있는 핵심 타겟팅인 리마케팅에 대해서 알아보자.

리마케팅(Remarketing)

인터넷을 이용하다 보면 이전에 한 번 클릭했던 광고가 계속 나를 따라다니는 경험을 한 적이 있을 것이다. 이렇게 내 브랜드와 상호 작용을 했던 유저를 다시 타겟팅하는 기법을 리타겟팅 또는 리마케팅이라고 한다. 유튜브 광고에서 리마케팅이란 내 유튜브 영상/채널과 상호 작용을 한 유저에게 다시 광고를 노출하는 타겟팅 기법을 말한다.

예를 들어 2020년 상반기에 내 광고 영상을 조회했던 유저에게, 2020년 하반기에 광고를 다시금 노출하여 지속적으로 브랜드 메시지를 노출할 수 있다. 브랜드 스토리텔링 영상을 조회한 유저에게 프로모션을 알리는 광고를 노출할 수도 있다. 이처럼 반복 노출로 브랜드 인지도 증대 목적의 캠페인부터 전환 목적의 캠페인까지 광고 효율을 높이는 데 필수적인 타겟팅이다.

유튜브 리마케팅을 활용하기 위해서는 먼저 '구글애즈' 광고 계정과 '유튜브 채널' 간 연동이 되어있어야 한다. 그 후 내 채널/영상과 상호 작용한 유저 목록을(잠재고객 목록) 만들어야 한다. 다음을 통해 리마케팅 설정 방법을 알아보자.

01

구글애즈 – 유튜브 채널 간 연동

구글애즈 첫 페이지의 우측 상단에서 [도구 및 설정] – [연결된 계정]을 클릭한다.

[도구 및 설정] – [연결된 계정]

유튜브를 선택하고 [상세보기]를 클릭한 후 [ADD CHANNEL]을 클릭한다.

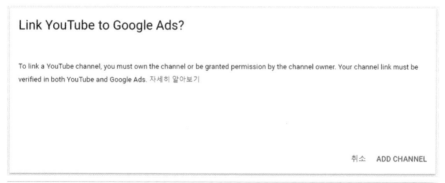

채널 추가하기

그 다음, 채널의 주소를 입력하고 원하는 채널을 선택하면 두 가지 선택 항목이 나온다. ① 내가 채널의 소유자인지 ② 다른 사람이 채널의 소유자인지를 선택해야 한다.

① 내가 채널의 소유자라면 곧바로 채널로 이동하여 연동을 수락하면 된다.

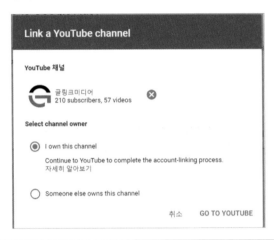

내가 채널의 소유주일 경우의 옵션

② 다른 사람이 채널의 소유자라면 소유자의 이메일을 입력하여 요청 메일을 보내게 되고, 소유자가 연동을 수락해주어야 한다.

다른 사람이 채널을 소유했을 경우의 옵션

02

잠재고객 목록의 종류와 만드는 법

채널 연동이 완료되면 채널과 상호 작용을 한 잠재고객의 목록을 만들 수 있다. 구글애즈 홈 화면의 우측 상단에서 [도구 및 설정] – [공유 라이브러리] – [잠재고객 관리자]를 클릭하고 파란색 + 버튼을 눌러 [YouTube 사용자]를 클릭한다.

잠재고객 목록 만들기

목록 회원 메뉴를 드롭다운 하면, 만들 수 있는 목록의 종류가 나타난다. 채널 동영상 조회 유저, 영상을 광고로 조회한 유저, 채널 구독자, 채널 방문자, 동영상 좋아요 유저 등 다양하다. 잠재고객을 생성한 이후부터 모수가 쌓이게 되나, 생성하기 전 30일간 상호 작용을 한 유저를 수집할 수 있다. 이 목록들은 최대 540일까지 보관 가능하다.

목록 회원 종류

03

타겟팅 설정에서 리마케팅 목록 선택하기

잠재고객 목록을 만들고 나면, 리마케팅 메뉴에서 선택할 수 있도록 잠재고객 목록이 활성화되어 있는 것을 볼 수 있다.

잠재고객

잠재고객 수정

광고그룹에 추가할 잠재고객을 선택합니다. 잠재고객 관리자에서 새로운 잠재고객을 만들 수 있습니다. ⓘ

검색	아이디어 (24개)	찾아보기		선택한 항목 없음

← 비즈니스와 상호작용한 방식

타겟팅할 잠재고객을 하나 이상 선택하세요.

통합된 목록 ⌄

YouTube 사용자 ⌃

   ☐ A영상 조회자_30일

   ☐ B영상 조회자_30일

   ☐ 채널 전체 영상 조회자_540일

   ☐ 채널구독자

저장 취소

잠재고객 선택하기

리마케팅 효율적으로 활용하기

리마케팅 활용 여부 또는 활용 방법에 따라 광고 성과가 매우 크게 달라질 수 있다. 실무에서 리마케팅을 활용하여 어떻게 캠페인을 설계하면 좋을지 알아보자.

1) 광고 영상을 조회하였지만 채널 구독은 하지 않은 유저를 대상으로 한 채널 활성화 캠페인

2) 브랜드가 메인 채널과 서브 채널 2개를 운영하는 경우, 구글애즈 계정에 2개 채널을 모두 연동하여 각 채널과 상호 작용을 한 유저를 교차로 활용

3) 메인 광고 영상 조회자에게 짧은 서브 영상 A, B, C를 보여주어 브랜드 메시지 강화

4) 시리즈 영상인 경우, 1편 조회자에게 2편 광고를 노출

5) 신규 유저에게 도달하기 위해 모든 광고 영상 조회자를 제외 타겟팅

리마케팅 활용 FAQ

Q1 유튜브 채널을 구글애즈와 연동하면 채널의 모든 정보를 볼 수 있게 되는 것 아닌가요?

단도직입적으로 말하면 "아니다". 구글애즈에서는 영상을 광고로 집행했을 때, 채널에 대한 참여 정보 및 광고로 집행한 동영상과 관련된 참여 정보만을 알 수 있다.

구글애즈 내 YouTube 전체 활동 수 메뉴

Q2 구글애즈 계정 하나당 1개의 유튜브 채널만 연동할 수 있나요?

답은 "아니다". 페이스북 페이지와 인스타그램 계정은 1:1 연동만 가능하지만 유튜브의 경우 채널이 여러 개인 경우, 하나의 구글애즈 계정에 여러 개의 채널을 연동할 수 있다. 또한 각 채널에서 생성한 잠재고객 목록을 하나의 계정에서 활용할 수 있다.

Q3 범퍼애드를 집행했는데, 광고 영상 조회자 목록을 만들 수 있나요?

답은 "아니다". 범퍼애드는 노출 기반의 상품이므로, 광고 조회수가 발생하지 않아서 광고 영상 조회자 목록을 만들 수 없다. 또한 건너뛰기가 불가능한 광고를 집행한 경우에도 조회수가 발생하지 않으므로 잠재고객 목록을 생성할 수 없다.

▶ 유튜브 광고 데이터에 기반한 플래닝과 성과측정이 필요한 이유

구글애즈에서 캠페인과 예산을 관리하는 기능만 활용해봤던 마케터라면 이번 챕터를 주목해보자. 구글애즈는 마케터의 광고 집행을 돕는 여러 가지 플래닝, 성과 측정 도구들을 제공한다. 마케팅의 기본인 데이터를 더욱 잘 다루도록 돕는 도구는 곧 마케터의 무기이다. 이 챕터를 통해 데이터에 기반한 캠페인 플래닝 능력과 광고 성과를 더욱 다양한 각도에서 분석할 수 있는 시각을 가질 수 있을 것으로 기대한다.

디지털 광고의 특징, 측정 가능성

디지털 광고와 TV, 신문, 잡지 등 전통매체 광고의 가장 큰 차이점은 무엇일까? 바로 디지털 광고는 성과 '측정'이 가능하다는 것이다. '측정이 가능하다' 이 말은 곧 디지털 광고의 성과는 수치로 나타낼 수 있다는 의미이다. 디지털 광고의 가장 큰 장점이기도 하다. 유튜브 캠페인 경험이 있는 독자 분들이라면 유튜브 광고 집행 결과가 노출수, 조회수, 클릭수 등으로 표현되는 것을 알고 있을 것이다. 이런 정확한 수치를 기반으로 성공적인 캠페인이었는지 아니었는지를 논의할 수 있다.

노출수	조회수	조회율	평균 CPV	클릭수	클릭율(CTR)	평균 CPM	비용	동영상 재생 진행률			
								25%	50%	75%	100%
22,808	12,811	56.17%	₩24	111	0.49%	₩13,530	₩308,584	76.50%	62.41%	54.12%	37.33%
8,045	4,361	54.21%	₩24	16	0.20%	₩12,783	₩102,836	74.34%	59.67%	52.24%	37.50%
9,132	4,321	47.32%	₩24	33	0.36%	₩11,281	₩103,019	67.63%	52.97%	45.55%	35.10%
10,174	4,389	43.14%	₩23	28	0.28%	₩10,043	₩102,175	64.75%	49.42%	41.44%	27.58%

구글애즈 광고 대시보드

성과측정을 통한 캠페인 플래닝이 필요한 이유

수치로 나타난 광고 결과가 명확하니 결과를 토대로 다음 캠페인 성과를 예측하고 플래닝하는 것도 가능할 것이다. 그러나 그렇게 단순하지 않은 문제가 있다. 유튜브의 변화가 매우 빠르다는 점이다.

유튜브 코리아에 따르면 유튜브에서는 매일 1분마다 400시간 분량의 새 동영상이 업로드된다. 유튜브 내의 인기 동영상 순위는 실시간으로 업데이트된다. 유튜브 광고를 하는 브랜드는 셀 수 없이 많고 또 그 업종도 다양하다. 이에 성과는 광고 시장의 상황, 크리에이티브, 타겟, 광고비 등 다양한 요인에 따라 달라지기 마련이다. 만약 다양한 변수가 있는 유튜브 광고 상황까지도 고려하여 성과를 예측할 수 있다면, 데이터를 기반으로 조금 더 정확한 캠페인 플래닝도 가능하게 된다.

구글애즈에서는 유튜브 캠페인을 고려하는 마케터를 위해 데이터에 기반해 캠페인 결과를 예측할 수 있는 플래닝 툴을 제공한다. 그 뿐만 아니라 실제 광고가 집행될 때, 상황에 따라 실시간으로 목표를 수정하며 즉각적으로 대응할 수 있게 돕는 성과 측정 툴도 제공한다. 이번 챕터에서는 유튜브 캠페인 플래닝과 성과 측정, 2가지로 구분하여 캠페인 집행 시 알아 두면 좋은 마케팅 도구를 소개하고자 한다.

▶ 정해진 예산으로 타겟에게 얼마나 도달할 수 있을까? - 도달범위 플래너

브랜드 인지도 목표에서 필수적인 도달범위 플래너

도달범위 플래너란?

도달범위 플래너는 구글애즈에서 제공하는, 유튜브 캠페인의 성과 예측을 도와주는 플래닝 도구이다. 쉽게 말해 유튜브 내에서 내가 목표로 하는 타겟에 얼마나 도달할 수 있는지를 보여준다. 광고를 집행한 적이 있는 구글애즈 계정에서 무료로 활용할 수 있다. 이 성과 예측은 구글이 가지고 있는 데이터인 광고 시장의 동향과 과거에 운영된 유사 캠페인의 실적을 기반으로 한다.

도달범위 플래너 예시

도달범위 플래너가 필요한 이유 2가지

물론 캠페인마다 타겟이나 예산이 다르기 때문에 예측과 100% 동일한 결과를 거두기는 현실적으로 어려울 수 있다. 그럼에도 이런 예측이 필요한 이유는 무엇일까?

① 유튜브 캠페인 성과가 목표에 얼마나 근접했는지 검증할 수 있다.
② 체계적으로 마케팅 예산을 수립하고 진행해 나갈 수 있다. 가용 예산으로 어느 정도의 성과를 달성할 수 있는지 예측할 수 있기 때문이다.

즉, 유튜브 캠페인의 성과를 수치에 기반해 예측, 검증하여 커뮤니케이션할 수 있다는 점이 이 도구를 사용해야 하는 이유이다.

도달범위 플래너가 예측해주는 주요 성과

그렇다면 어떤 성과를 예측해주는지 궁금하지 않은가? 유튜브 캠페인의 성과로 말할 수 있는 것에는 노출수, 조회수, 노출당 비용, 조회당 비용 등 다양한 지표가 있다. 도달범위 플래너는 그중에서도 '도달(노출수 중에서 중복을 제외하고 광고를 본 순 사용자)' 성과를 중점적으로 예측해준다.

그래서 이 도구는 마케팅 퍼널의 '인지' 단계에서 브랜드 인지도 상승을 위해 대규모 노출이 필요할 때, 즉 '도달'을 목적으로 하는 캠페인을 집행할 때 유용하다. 6초 범퍼애드, 건너뛸 수 없는 15초 동영상 광고 등 구글애즈에서 집행할 수 있는 경매형 상품뿐 아니라 대표적인 예약형 상품인 CPM 마스트헤드를 집행할 경우에도 이 도구를 활용할 수 있다. 도달에 초점이 맞춰진 기능이지만 조회수 확보 중심의 트루뷰 디스커버리, 트루뷰 인스트림을 집행할 경우에도 충분히 활용할 수 있다.

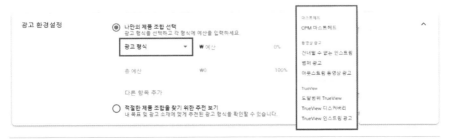

도달범위 플래너 활용 가능한 유튜브 상품

도달범위 플래너 활용 방법

광고 예산을 집행해야 하는 마케터 입장에서는 이 도구를 어떻게 활용하면 좋을까? 그 방법은 크게 2가지이다.

① 집행하려는 광고 상품과 예산이 정해져 있을 때, 예산에 따른 도달률을 알고자 할 때

② 영상 소재, 예산이 정해져 있어서, 도달률을 높이기 위한 최적의 광고 상품과 그 예산 비중을 알고 싶을 때

이 도구를 잘 활용하면 마케터가 직접 상품별 예산 비중을 조정하면서 도달률을 높이기 위한 맞춤 선택을 하는 것도 가능하다. 여기까지는 다소 일반적인 이야기여서 이해를 돕기 위해 실제 사용 화면을 보면서 예를 들어보겠다.

 주의 사항

광고를 집행한 적 있는 계정이라면 바로 도달범위 플래너를 활용할 수 있다. 다만 한 번도 광고를 집행하지 않았거나 계정 상황에 따라서 도달범위 플래너 기능이 활성화되지 않은 경우도 있다. 이 경우는 아래 페이지에서 도달범위 플래너 액세스 권한을 요청서를 제출하여 승인되면 사용할 수 있다. 계정에서 비용을 지출하지 않았던 경우 승인이 되지 않을 수 있다는 점에 유의한다.

* 도달범위 플래너 액세스 권한 요청
https://services.google.com/fb/forms/reachplanneraccessrequest/

도달범위 플래너 활용 실습

01

구글애즈 첫 페이지의 우측 상단에서 [도구 및 설정]-[계획]-[도달범위 플래너]를 클릭한다.

[도구 및 설정]-[계획]-[도달범위 플래너]

02

캠페인 목표 설정

예측 시작하기 화면에서 캠페인의 목표를 선택한다. 현재는(2020년 8월 기준) 브랜드 인지도 상승(도달 범위) 목표만 선택이 가능하다. 광고를 집행할 채널은 유튜브이므로 [YouTube]를 선택한다. [YouTube + TV 조합]은 현재 일본에서만 사용 가능하며 업데이트될 예정이다.

[도달범위 플래너]-[캠페인 목표 설정]

03

국가 설정

캠페인의 목표와 집행 채널까지 선택했다면, 다음은 범위를 좁혀서 캠페인이 국내향인지, 해외향인지를 선택한다. 현재 도달범위 플래너는 그리스, 나이지리아, 남아프리카공화국, 네덜란드, 노르웨이, 뉴질랜드, 대만, 대한민국 등 71개 국가에서 사용할 수 있다. 그리고 인구통계, 잠재고객, 캠페인 집행 날짜 등을 순차적으로 설정한다. 이때 잠재고객은 관심분야, 구매의도, 맞춤 잠재고객 타겟팅 수준까지만 가능하다.

위치	대한민국 | KRW	⌄
인구통계	모든 인구	⌄
잠재고객	모든 잠재고객	⌄
날짜	2020년 11월 1일 ~ 28일 | 28일	⌄

국가, 타겟팅 설정

나만의 제품 조합 선택

이제 광고 환경 설정에서 2개의 옵션 중에서 1가지를 선택해야 한다. 앞장의 활용 방법을 다시 보면 활용하는 방법은 크게 2가지라고 했는데 첫 번째 경우부터 살펴보겠다.

- 예산이 5천만 원으로 정해져 있고 트루뷰 인스트림, 범퍼애드를 집행하고자 할 때, 도달률을 알 수 있다.

예산이 5천만 원으로 정해져 있고 트루뷰 인스트림과 범퍼애드를 집행할 것이 명확하다. 따라서 [나만의 제품 조합 선택]을 클릭하고 상품별 예산을 기입한다. 대략적인 예산을 먼저 넣은 다음, 결과에 따라 상품별 예산 비중을 조정하면 된다.

[나만의 제품 조합] 선택

트루뷰 인스트림에 2,500만 원, 범퍼애드에 2,500만 원을 기입하였다. 전체 인구에 대한 도달률이 16.5%로(2020년 10월 기준) 나오는 것을 확인할 수 있다.

[나만의 제품 조합] 선택 〉 도달범위 플래너 결과

적절한 제품 조합을 찾기 위한 추천 보기

다시 광고 환경 설정으로 돌아가서 두 번째 예시를 살펴보겠다.

- 예산이 5천만 원으로 청해져 있고, 보유한 영상 소재가 다양해서 어떤 상품이든 집행 가능한 상황으로, 최적의 결과를 위한 상품별 예산을 추천 받고 싶다.

이때는 구글애즈가 추천해주는 최적의 상품, 그 예산 비중을 추천 받는 것이기 때문에 [적절한 제품 조합을 찾기 위한 추천 보기]를 클릭하고, 예산에 5천만 원을 기입한다. 소재는 다양하게 보유하고 있다고 가정하여 전체 선택한다.

[적절한 제품 조합을 찾기 위한 추천 보기] 선택

전체 인구에 대한 도달범위가 18.8%로(2020년 10월 기준) 나오는 것을 확인할 수 있다. 구글애즈에서 추천해준 상품은 범퍼애드와 트루뷰 포 리치(도달범위 TrueView)이다. 두 상품은 도달에 최적화된 상품으로 정해진 예산 내에서 낮은 CPM으로 도달률을 극대화할 수 있다.

[적절한 제품 조합을 찾기 위한 추천 보기] 선택 〉 도달범위 플래너 결과

 참고 사항 **수동으로 설정할 수 있는 기능**

① **광고 네트워크**: 결과에는 광고가 노출되는 네트워크가 유튜브와 GVP(Google Video Partners)로 기본 설정되어 있다. 따라서 유튜브에만 광고가 노출되는 것을 가정하고 싶다면, GVP는 수동으로 제외해주어야 한다.

② **타겟층 인구통계**: 기본값은 인구조사 대상 인구에 대한 도달률 기준이므로 유튜브 인구에 대한 도달률을 알고 싶다면 타겟층 인구통계를 모든 인구에서 유튜브 인구로 변경해준다. 유튜브 인구 외에 디지털 인구, TV 인구가 있다.

③ **유효 게재빈도**: 도달범위 플래너의 '1+타겟층 도달범위' 메뉴를 조정하여 사람들이 광고를 몇 번 보았는지를 고려하여 도달범위를 산출할 수 있다. 조정 범위는 1+~10+까지이다(1번~10번).

④ **광고 단가**: 도달률을 예측하기 위해 구글에서 설정한 CPV, CPM 값은 실제와 차이가 있을 수 있다. 캠페인 설계나 타겟팅에 따라 다르겠지만 예상 수치보다는 실제 집행 단가가 약간 더 높은 편이다. 이 점을 고려하여 광고 단가를 조정해가며 결과를 시뮬레이션해 볼 수 있다.

⑤ **광고 상품별 예산 비중**: 유튜브 상품별 예산을 변경하면서 목표 도달률을 조정할 수 있다.

구체적인 예시를 통해 도달범위 플래너의 기능에 대해 상세히 살펴보았다. 이제 다음 절에서 문제를 보고 제대로 이해하였는지 평가해보자.

도달범위 플래너 활용 Case Study

사례 1

1억의 예산으로 신규 런칭 브랜드의 인지도를 상승시킬 수 있는 캠페인을 플래닝하려고 한다. 보유하고 있는 영상 소재는 6초, 30초 영상이다. 이 조건에서 추천 광고 상품, 상품별 예산 비중을 제안받고 싶다.

도움말

예산이 정해져 있고, 광고 소재도 2가지로 명확하다. 이 경우 '적절한 제품 조합을 찾기 위한 추천 보기'를 선택한다. 소재에 따른 광고 상품을 추천해주고, 그 상품에 적절한 예산을 할당해준다.

사례 2

3천만 원의 제한된 예산이지만 조회수도, 노출수도 중요한 지표이다. 이에 트루뷰 인스트림만 집행했을 때와, 트루뷰 인스트림과 트루뷰 포 리치(도달범위 Trueview)를 함께 집행했을 때의 도달률을 비교하여 어떤 상품을 집행할지 결정하려 한다.

도움말

예산과 광고 상품이 명확히 정해져 있다. 이 경우 '나만의 제품 조합'을 선택하여 2가지 상황의 도달률을 비교해본다.

지금까지 캠페인을 플래닝하고, 결과를 예측해볼 수 있는 도달범위 플래너에 대해서 알아보았다. 이제부터는 실제 캠페인이 소비자에게 메시지를 잘 전달하였는지, 캠페인으로 인해 브랜드에 대한 소비자의 인식이 변화되었는지 확인해볼 수 있는 분석 도구를 소개하려고 한다.

▶ 내 유튜브 광고는 소비자의 마음을 얼마나 바꿨을까? - 브랜드 리프트 서베이(Brand Lift Survey)

유튜브 광고 효과 측정 설문조사 '브랜드 리프트 서베이'

브랜드 리프트 서베이란?

리서치 업체에 의뢰하는 소비자 조사를 무료로 할 수 있다면? 마케터의 입장에서는 거절할 이유가 없기 때문에 당연히 할 것이라 생각한다. 유튜브 광고를 집행하면 무료로 할 수 있는 설문조사가 있다면? 역시 하지 않을 이유가 없다. 독자분들은 가끔 유튜브 영상을 시청하다가 광고는 아닌 검은색 화면의 설문조사를 본 적 있을 것이다. 이게 바로 '브랜드 리프트 서베이'다.

브랜드 리프트 서베이는 구글애즈에서 광고를 집행하면 무료로 진행할 수 있는 짧은 설문조사이다. 설문을 통한 측정 항목은 인지-고려-전환의 마케팅 퍼널에 따라 광고 상기도, 브랜드 인지도, 브랜드 구매고려도, 브랜드 선호도, 브랜드 구매의도 총 5가지가 있다.

캠페인 목표	측정 항목	서베이 질문 / 측정 문항
인지도 증대	광고상기도	다음 중 최근에 온라인 동영상 광고로 본 적이 있는 것을 선택해주세요.
	인지도	다음 중 들어본 적이 있는 것을 선택해주세요
참여 유도	구매 고려도	구매하려는 *브랜드/제품은 무엇입니까?
	선호도	다음중 긍정적으로 평가하는 *브랜드/제품을 선택해주세요.
구매 증대	구매 의도	만약 아래 선택지 중에서 하나를 구매해야 한다면, 어떤 것을 선택하시겠습니까?

브랜드 리프트 서베이 질문 예시 (출처: Google Brand Lift Survey 가이드북)

항목 중 브랜드 인지도를 예로 들어보면, '다음 중 들어본 적이 있는 브랜드/제품을 선택해주세요'라는 질문을 하고 그에 대한 답변을 수집할 수 있다. 주의할 점은 진행 자체는 무료이긴 하나, 최소 예산 가이드를 충족해야 한다는 것이다(한국 기준, 7일간 최소 15,000달러의 예산 소진 필요). 유의미한 설문 결과를 얻기 위해 모수 수집이 필요하기 때문이다.

브랜드 리프트 서베이 노출 예시 (출처: Google Brand Lift Survey 가이드북)

브랜드 리프트 서베이가 필요한 이유

브랜드 리프트 서베이를 해야 하는 이유는 크게 4가지이다.

① 무료이다.
② 소재, 타겟팅의 A/B 테스트를 할 수 있다.
③ 광고를 집행하는 사람이 구글애즈 안에서 직접 설정, 결과 분석까지 할 수 있어서 광고 효과를 다각도로 분석할 수 있다 .
④ A/B 테스트의 결과를 캠페인에 반영하여 실시간으로 성과를 개선할 수 있다.

풀어서 설명해보면, 브랜드 리프트 서베이를 통해서 어떤 메시지에 유저들이 더 반응했는지, 어떤 타겟팅으로 유저들이 광고를 접할 때 반응도가 더 높은지 확인할 수 있다. 이 결과는 실시간으로 업데이트되기 때문에 즉시 캠페인에 반영하여 성과를 개선할 수도 있다. 또한 기존에 광고 대시보드에서만 보던 분석 지표 외에 광고의 효율을 분석하는 시각이 확장된다는 점도 중요하다. 단순히 노출수, 조회수 등의 지표로 한정된 성과 분석에 그치는 것이 아니라, 광고를 통해 브랜드에 대한 유저의 인식이 실제로 변화되었는지를 알 수 있기 때문이다.

브랜드 리프트 서베이 사전 체크 리스트

이렇게 좋은 기능이 있다는 사실을 알게 되어서 지금 당장 실행하고 싶은 독자분들을 위한 체크 리스트를 준비했다. 브랜드 리프트 서베이는 기본적으로 브랜딩 캠페인의 성과를 측정하는 지표로 활용하는 것이 적절하다. 즉, 브랜드가 새로 런칭했거나, 기존 브랜드일지라도 신제품이 출시되었거나, 브랜드가 리뉴얼되었거나, 잘 만든 영상 크리에이티브로 브랜드에 대한 고객의 호감도 변화를 알고 싶을 때 등의 경우에 활용하는 것이 적절하다. 내 캠페인에 서베이를 진행하는 것이 적절할지 아래 사항을 확인해보자.

① 경매형 인스트림 형태의 광고, 범퍼애드에만 활용할 수 있다 .

   (트루뷰 디스커버리 광고, 유튜브 외 지면에 광고가 노출되는 아웃스트림 광고는 불가)

② 서베이는 한 번에 최대 3개까지만 진행할 수 있다.

③ 7일간 최소 미화 15,000달러를 광고비로 소진해야 한다.

	측정 항목	7일 예산
서베이 항목 (집행 시작 7일 이내)	1개 질문	$15,000
	2개 질문	$30,000
	3개 질문	$60,000

브랜드 리프트 서베이 예산 조건

④ 캠페인 일일 예산을 15,000달러/7일로 맞춰두어야 서베이가 라이브된다.

⑤ 정확한 결과 도출을 위해 서베이를 진행할 캠페인은 사전에 노출이 없도록 일시중지 상태로 설정해둔다.

⑥ 구글애즈 광고지원팀에 서베이가 가능한지 문의한다(아직은 승인을 받는 절차가 필요하다).

브랜드 리프트 서베이 활용 실습

브랜드 리프트 서베이 설정 가이드

브랜드 리프트 서베이는 광고를 집행하는 구글애즈 계정에서 직접 설정할 수 있다. 다만 계정 상황에 따라 불가능할 수 있는데, 구글 광고지원팀에 기능 활성화 가능 여부를 확인한다.

01

설문을 적용할 캠페인을 설정해둔다.

02

구글애즈 첫 페이지에서 [도구 및 설정]-[측정]-[광고효과 측정]을 선택한다.

🗒 계획	📒 공유 라이브러리	📑 일괄 작업	⏳ 측정
실적 플래너	잠재고객 관리자	모든 일괄 작업	전환
키워드 플래너	입찰 전략	규칙	Google 애널리틱스
도달범위 플래너	제외 키워드 목록	스크립트	기여
광고 미리보기 및 진단 도구	공유 예산	업로드한 동영상	광고효과 측정
	위치 그룹		
	게재위치 제외 목록		

[도구 및 설정]-[측정]-[광고효과 측정]

03

+ 버튼을 눌러 서베이를 진행할 제품/브랜드 이름을 입력*하고 언어도 설정한다.
(* 대시보드에서 확인하는 용도이며 유저에게 노출되지는 않는다)

제품 또는 브랜드 만들기

브랜드, 제품, 매장, 서비스 등 캠페인에서 가장 중요시 하는 것을 제품 또는 브랜드라고 합니다. 상승도 유형과 설정을 선택하고 제품 또는 브랜드를 홍보하는 캠페인을 추가하여 캠페인에서 개선 또는 '상승'시키고자 하는 측정항목을 측정합니다.

제품 또는 브랜드 이름	제품 또는 브랜드 이름	
		0/128

상승도 유형	제품 또는 브랜드 측정을 위한 상승도 유형을 선택하세요. 상승도 유형을 선택 및 저장한 후에는 변경할 수 없습니다.
	☑ 브랜드 광고효과
	☐ 검색 광고효과

브랜드 광고효과 설문조사 정의하기

이 설문조사에서는 광고주의 제품 또는 브랜드를 홍보하는 캠페인이 얼마나 효과적으로 아래에서 선택하는 측정항목을 개선하거나 '상승도'를 유발하는지 측정합니다.

설문조사 언어	한국어 ▾

서베이를 진행할 제품/브랜드 이름 선택

04

설문조사 질문 메뉴에서 제품 또는 브랜드 유형을 선택한다. 질문에 노출되는 브랜드/제품/특정 업종의 브랜드/특정 업종의 제품을 선택할 수 있다. 예를 들어 다이어트 업종, 스킨케어 브랜드, 온라인 교육 프로그램 등이 있다.

서베이를 진행할 브랜드의 업종 선택

05

의도한 최종 작업을 선택한다. 이는 앞서 선택한 제품 또는 브랜드 유형에 따라 선택/사용/구매로 나뉜다. 그 후 설문 측정 항목*을 선택한다.(*광고 회상, 인지도, 구매 고려도, 선호도, 구매 의도)

설문 측정 항목 선택

06

자사 브랜드(또는 상품)와 경쟁사를 기입*한다. (* 경쟁사는 최대 3곳까지 기입할 수 있다.)

자사, 경쟁사 브랜드 기입

07

설문을 적용할 캠페인을 선택하고 저장을 누른다.

설문을 적용할 캠페인 선택

 주의 사항

① 서베이 시작 후 7일이 지나도 예산 가이드만 충족하면(7일간 15,000달러) 계속 설문을 진행할 수 있다. 따라서 캠페인 초반에 진행한 서베이 결과와, 캠페인 후반부에 진행한 서베이 결과를 비교해볼 수 있다.

② 캠페인에 설정된 일예산이 7일간 15,000달러가 되지 않을 경우 서베이 진행이 불가하므로 일예산은 모자라지 않게 설정해둔다.

③ 서베이 결과 분석에 필요한 충분한 답변이 수집되지 않으면 결과가 도출되지 않음에 유의한다.

브랜드 리프트 서베이 진행 상황

서베이를 시작한 후의 진행 상황은, 구글애즈 대시보드와 측정 탭에서 각각 확인할 수 있다.

01

구글애즈 대시보드에서 확인하는 경우

구글애즈 홈 화면의 우측에서 [열]을 선택한 후 [열 수정] – [브랜드 광고효과] – [광고효과 측정 상태]를 선택한다. 응답 수집율과 수집된 데이터가 분석할 만큼 충분한지를 확인할 수 있다. 광고효과 측정 상태뿐만 아니라 다른 항목들도 모두 선택하면 캠페인별 광고 효과를 파악할 수 있다.

브랜드 광고효과			∧
☐ 모든 설문조사 응답	☐ 기준군 설문조사 응답	☐ 실험군 설문조사 응답	☐ 기준군 긍정적인 응답률
☐ 전환을 고려하는 사용자	☐ 전환 고려 사용자당 비용	☐ 절대적 브랜드 광고효과	☐ 상대적 브랜드 광고효과
☐ Headroom 브랜드 광고효과	☐ 광고효과 측정 상태		

구글애즈 홈 화면에서 볼 수 있는 서베이 데이터

02

측정 탭에서 확인하는 경우

구글애즈 홈 화면의 우측 상단에서 [도구 및 설정]–[측정]–[광고효과 측정]을 선택한다. 광고를 통한 상승도가 나타났을 경우 상승도 수치가 나타나고, 상승도가 없을 경우 '광고 효과가 감지되지 않음'이 나타난다. 여기서는 서베이 전체의 효과를 파악할 수 있다.

실험군 긍정 응답률	기준군 긍정적인 응답률	절대적 브랜드 광고효과	상대적 브랜드 광고효과	전환을 고려하는 사용자	Headroom 브랜드 광고효과
39.55% [38.63%~40.46%]	40.75% [39.82%~41.68%]	광고효과가 감지되지 않음	광고효과가 감지되지 않음	광고효과가 감지되지 않음	광고효과가 감지되지 않음
46.29% [45.40%~47.18%]	44.62% [43.71%~45.52%]	+1.67% [0.40%~2.94%]	+3.75% [0.89%~6.70%]	100,629 [24,324~176,935]	+3.02% [0.74%~5.26%]
39.74% [38.25%~41.23%]	38.79% [37.37%~40.21%]	데이터 불충분	데이터 불충분	데이터 불충분	데이터 불충분

구글애즈 [측정] 탭에서 볼 수 있는 서베이 데이터

이외에도 브랜드 광고효과 항목에는 결과를 해석하기 위한 다양한 항목들이 있는데, 다음의 리포트 해석 파트에서 좀 더 자세히 살펴보기로 한다.

브랜드 리프트 서베이 결과 해석

브랜드 리프트 서베이는 설정은 쉬운 편이나 결과를 분석하려면 용어의 뜻을 정확히 알아야 한다. 이제부터는 차근차근 용어를 익히고 결과를 분석해보자.

용어 설명

- **실험군**: 광고를 조회한 그룹

- **기준군**: 광고를 조회하지 않은 그룹

서베이의 목적은 광고의 영향을 파악하기 위함이므로, 광고를 조회한 유저와 조회하지 않은 유저 그룹을 나눈다. 전자를 실험군, 후자를 기준군이라고 칭한다. 범퍼애드의 경우 '조회'가 없기 때문에 실험군을 광고에 노출된 그룹으로, 기준군을 광고에 노출되지 않은 유저로 정의한다.

그리고 상승도를 파악하기 위해 각 그룹 간 긍정응답률이 필요하다. 긍정응답이란, 예를 들어 '다음 중 구매하려는 브랜드는?'이라는 질문에 나의 브랜드를 선택하는 답변을 의미한다. 이 긍정응답률을 통해 도출된 절대적 상승도와 상대적 상승도가 분석의 핵심이다. 내 광고를 통해 소비자의 마음이 바뀌었는지 그리고 이 변화가 광고의 영향인지 확인하려면 상대적 상승도를 확인하면 된다.

- **절대적 상승도**

실험군의 긍정 응답률 - 기준군의 긍정 응답률

절대적 상승도

이 차이가 작다면, 광고를 조회하지 않았더라도 기존에 미디어의 영향을 받아 브랜드에 대해 어느 정도 호감을 가지고 있는 상태이거나, 광고를 통해 소비자의 변화를 이끌어내기에는 크리에이티브나 타겟팅 전략이 다소 부족했다는 의미로도 해석할 수 있다.

- 상대적 상승도

$$\text{실험군의 긍정 응답률 - 기준군의 긍정 응답률}$$

$$\text{기준군의 긍정 응답률}$$

상대적 상승도

기준군 대비 실험군에서 얼마나 긍정적인 답변을 했는지를 의미한다(광고를 본 사람들에게서 보지 않은 사람 대비 얼마나 긍정적인 답변이 나왔는지). 이 상승도를 통해 다른 미디어의 영향을 배제하고 광고를 통한 상승도는 어느 정도인지 확인할 수 있다.

서베이 결과 해석

아래 그림은 실제 브랜드 리프트 서베이 결과 자료이다.

이름 ↓	모든 설문조사 응답	기준군 설문조사 응답	실험군 설문조사 응답	기준군 긍정적인 응답률	실험군 긍정 응답률	절대적 브랜드 광고효과	상대적 브랜드 광고효과
캠페인 명							
구매 고려도	9,279	4,601	4,678	40.75% [39.82%~41.68%]	39.55% [38.63%~40.46%]	광고효과가 감지되지 않음	광고효과가 감지되지 않음
선호도	10,075	4,940	5,135	44.62% [43.71%~45.52%]	46.29% [45.40%~47.18%]	+1.67% [0.40%~2.94%]	+3.75% [0.89%~6.70%]

서베이 결과 자료

구매 고려도와 브랜드 선호도 2개 항목으로 서베이를 진행하였고, 브랜드 선호도에서만 상승 효과가 감지되었다. 절대적 브랜드 광고효과는 실험군 긍정 응답률 – 기준군 긍정 응답률 = 1.67%이며, 상대적 브랜드 광고효과는 (실험군 긍정 응답률 – 기준군 긍정 응답률)/기준군 긍정 응답률= 3.75%이다. 구매고려도의 경우 실험군 대비 기준군에서 긍정 응답률이 더 높았기에 광고 효과가 감지되지 않은 것으로 나타난다.

좀 더 세부적으로 분석하고 싶다면 캠페인 이름을 클릭해본다. 다음과 같은 표가 펼쳐지면서, 전체/연령/성별/캠페인/동영상 소재 단위로 광고 효과를 확인할 수 있다. 영상 소재 A/B 테스트를 한 경우 "동영상" 탭에서 결과를 확인하고, 캠페인별로 A/B 테스트를 한 경우 "캠페인" 탭에서 결과를 확인한다.

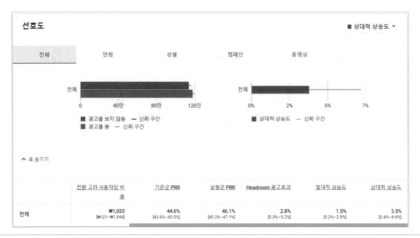

서베이 결과 분석 단위

	전환 고려 사용자당 비용	기준군 PRR	실험군 PRR	Headroom 광고효과	절대적 상승도	상대적 상승도
전체	₩1,033 [₩121~₩1,944]	44.6% [43.6%~45.5%]	46.1% [45.2%~47.1%]	2.8% [0.3%~5.2%]	1.5% [0.2%~2.9%]	3.5% [0.4%~6.6%]

캠페인의 광고 효과가 명확히 감지되었다면 절대적 브랜드 광고효과와 상대적 브랜드 광고효과만을 보고 판단하면 된다. 하지만 캠페인별로 효과를 비교했을 때 차이가 미미하다면 Headroom 광고효과와 전환 고려 사용자당 비용을 추가로 비교해본다.

자세한 용어 설명은 아래를 참고하도록 하자.

- **전환 고려 사용자**: 광고로 인해 브랜드 인식이 바뀐 사용자.
  노출수 × 절대적 브랜드 광고효과 / 노출빈도

- **전환 고려 사용자당 비용**: 이 비용이 낮을수록 성과가 더 우수한 캠페인이라고 할 수 있다.

- **기준군 PRR**: 기준군 긍정 응답률

- **실험군 PRR**: 실험군 긍정 응답률

- **Headroom 광고효과**: 브랜드가 가진 성장가능성 대비, 광고가 브랜드에 대한 긍정적인 반응을 높이는 데 미치는 영향을 나타냄. Headroom 광고효과가 높은 캠페인이 광고 조회 유저들로부터 더 긍정적인 반응을 얻을 가능성이 높다.

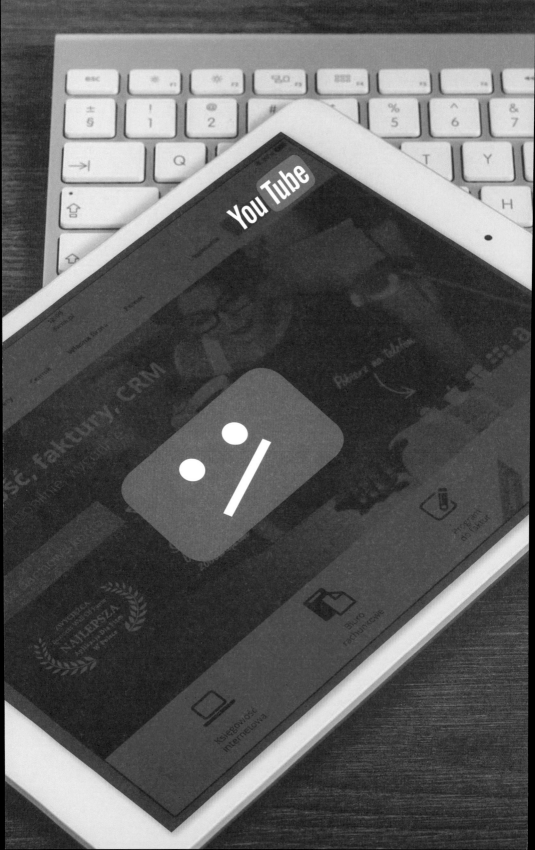

PART 05

유튜브 저작권 및 브랜드 세이프티 (Brand Safety)

▶ 저작권 및 브랜드 세이프티 대응 방법

▶ 허위 사실에 대한 영상 대응 방법

▶ 유튜브 광고 시 노출 지면 안정성 확보를 위한 방법

▶ 저작권 및 브랜드 세이프티 대응 방법

다양한 영상들이 무분별하게 쏟아지면서 유튜브 저작권 문제가 수면 위로 떠오르고 있다. 뿐만 아니라 우리 광고 영상이 이러한 불법적인 영상 앞단에 노출되게 된다면 브랜드 이미지에 타격을 입을 수 있는 위험한 상황들도 마주하게 된다. 그렇다면 유튜브 내 저작권 및 광고 세이프티를 위해 어떠한 방법으로 대비할 수 있을지, 그리고 어떤 방법으로 해결할 수 있는지 이번 챕터에서 알아보도록 하자.

자신의 영상에 광고가 붙을 때?

내 채널이 수익 창출의 자격이 없거나, 수익 창출을 하지 않았음에도 영상 앞단에 광고가 붙는다면? 이 경우에는 내가 업로드한 영상 자체가 유튜브 내에서 저작권 침해 신고에 걸렸기 때문이다.

유튜브는 상업적 이윤을 취득할 수 있는 플랫폼이기 때문에 저작권에 대해 매우 민감하다. 특히 유튜브는 자체 프로그램을 활용하여 저작권이 걸린 게시물을 매우 정교하게 분별하기 때문에 영상을 업로드할 경우 이 저작권에 대해 알아보는 것이 필요하다.

지나가는 노랫소리가 잠시라도 내 영상 내 담겼다면? 이러한 부분도 저작권에 걸릴 수 있을 만큼 유튜브 저작권은 매우 민감하다. 저작권 침해 신고에 걸리게 되면 해당 영상은 수익을 창출 할 수 없을 뿐만 아니라, 내 영상 앞단에 광고를 노출시키고 싶지 않아도 강제적으로 광고가 붙게 된다. 그리고 이 수익은 저작권자에게 모두 부여된다.

유튜브 채널 크리에이터에서 확인 가능한 저작권 침해 신고 콘텐츠

저작권 침해 문제를 방지하기 위해 우리는 콘텐츠 업로드 전 저작권에 대해 매우 민감하게 반응하고 대응해야 한다. 그렇다면 대표적으로 어떤 사례들이 있는지 알아보도록 하자.

콘텐츠 사용 시, 저작권 소유자를 밝히기만 한 사례

이 경우 저작권자에게 직접적인 동의를 구하지 않고 단순히 출처를 명시하는 것은 저작권을 사용하여도 된다는 의미가 아니다. 때문에 저작권자에게 동의를 구한 후 사용하도록 하자.

구입한 영상, 음원, 이미지를 콘텐츠에 사용한 사례

단순히 콘텐츠를 구입했다고 영상을 업로드할 수 있는 권한을 가진 것은 아니다. 구매한 콘텐츠는 상업적 용도가 아닌 개인적인 용도로만 활용하는 것이 일반적이다. 그렇기 때문에, 상업적 용도로 사용하게 된다면 이러한 저작권 심의 제제를 받게 된다. 구입한 콘텐츠의 사용범위를 반드시 체크하고 넘어가도록 하자.

직접 녹음한 콘텐츠를 활용한 사례

뮤지컬 혹은 영화, 음악 등 내가 직접적으로 녹음하여 업로드한다면 저작권에 걸리지 않을까? 아니다! 해당 콘텐츠를 직접적으로 촬영하였다 하더라도 저작권자에게 반드시 동의를 구한 후 활용하는 것이 안전하다.

저작권 보호 콘텐츠를 몇 초 정도만 활용한 사례

저작권 보호 콘텐츠를 일부만 활용할 경우 전체 저작권 콘텐츠를 끌고 오는 것이 아니기 때문에 크게 문제가 되진 않는다. 하지만 유튜브가 저작권이 있는 부분을 확인하지 못하더라도 저작권자가 수동으로 저작권 소유자에게서 저작권 소유권 주장을 할 수 있다. 이렇게 될 경우 내 영상 앞단에 자동적으로 광고가 붙게 된다.

즉, 유튜브 내 저작권 침해의 경우, 어떠한 게시물이던 내가 창작하지 않은 모든 콘텐츠는 저작권이 부여된다. 이 부분에 대해 소유권자와 논의를 하여 콘텐츠를 업로드하는 것이 가장 바람직한 방법이다.

그렇다면 이미 저작권자와 구두로 협의가 된 상황에서 저작권 침해 신고라는 노란 딱지를 받았을 경우, 어떠한 방법으로 해결할 수 있을지 알아보도록 하자.

다양한 저작권 침해 사유가 있으나, 이번 챕터의 경우 음원으로 인한 저작권 침해 후 해결 방법 예시를 들어보고자 한다.

저작권 침해 해결 방법

01

저작권 침해 영상의 경우 수익창출이 불가능하며, 제한 사항 [저작권 침해 신고]가 표기된다.

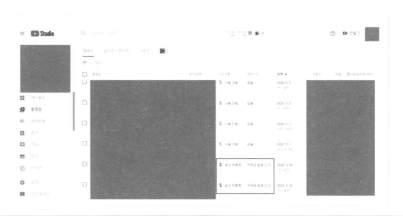

유튜브 채널 크리에이터에서 확인 가능한 저작권 침해 신고 콘텐츠

02

[저작권 침해 신고] 경고 알림에 내 마우스를 올리면 아래와 같은 팝업이 뜬다. 저작권 신고에 관해 자세히 알아보려면 [세부정보 보기]를 클릭한다.

[저작권 침해 신고]-[세부정보 보기]

03

새로운 팝업이 뜨면서 저작권 신고에 대한 상세한 정보가 나온다.
해당 팝업에서는 내 영상의 저작권 신고 구간과 함께 어떠한 저작권자가 소유하고 있는지 확인할 수 있다.

저작권 요약 및 상태

저작권 침해 신고 딱지를 뗄 수 있는 방법은 콘텐츠에 저작권 위반사항에 따라 다르기 때문에 어떠한 문제로 신고가 되었는지 명확하게 파악해야 한다.

[구간 자르기]의 경우 해당 침해된 구간을 잘라 업로드하는 방법이며 [이의 제기]의 경우 소유권자와 이미 합의를 본 상황이라면 진행할 수 있다.

저작권 침해 신고에 조치할 작업 선택

04

본인의 콘텐츠에 이의 제기를 할 수 있는 타당한 사유가 있다면 해당 단계 체크 박스를 확인하고 다음 단계로 넘어가도록 하자.

소유권 주장에 대한 이의 제기

05

이제는 이의 제기를 하는 사유에 대해 체크하고 본인의 콘텐츠가 저작권에 이슈가 없다는 부분을 증명하도록 하자. 사유로는 총 4가지가 있는데, 자세히 알아보도록 하자.

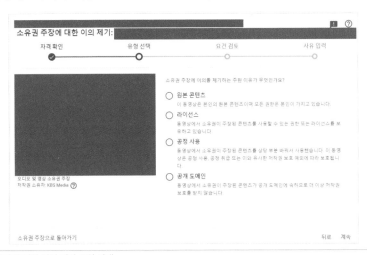

소유권 주장에 대한 이의 제기 유형 선택

소유권 주장에 대한 이의 제기 사유	
사유	설명
원본 콘텐츠	본인의 원본 콘텐츠이며 모든 권한은 본인이 가지고 있습니다.
라이선스	동영상에서 소유권이 주장된 콘텐츠를 사용할 수 있는 권한 또는 라이선스를 보유하고 있습니다.
공정 사용	동영상에서 소유권이 주장된 콘텐츠를 상당 부분 바꿔서 사용했습니다. 이 동영상은 공정 사용, 공정 취급 또는 이와 유사한 저작권 보호 예외에 따라 보호 됩니다.
공개 도메인	동영상에서 소유권이 주장된 콘텐츠가 공개 도메인에 속하므로 더 이상 저작권 보호를 받지 않습니다.

06

내 상황에 맞는 사유를 선택하고 사유에 맞는 요건을 검토한다.

소유권 주장에 대한 이의 제기 요건 검토

07

소유권에 대한 이의 제기 단계

내가 앞서 선택하였던, 저작권 침해 사유 선택에 대한 이의 제기를 하는 단계로 구체적인 사유를 작성한 후 제출하게 된다. 이 단계를 거치면 유튜브에서 검토한 후 소유권자에게 이의 제기가 전달된다. 이미 협의가 된 저작권 문제라면 소유권자에게 승인 요청을 하게 되면 해당 콘텐츠는 저작권 침해가 풀리게 된다.

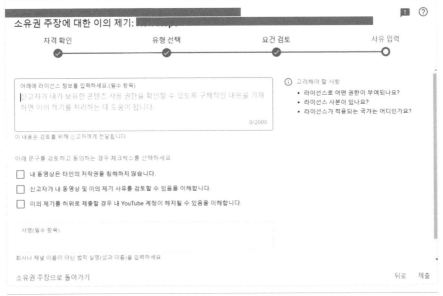

소유권 주장에 대한 이의 제기 요건 검토

이 모든 단계를 거치고 나면 소유권자에게 이의 신청이 가게 된다. 소유권자가 승인을 해주면 저작권 침해에 대한 문제를 해결할 수 있으니 잘 참고하여 진행해볼 수 있도록 한다.

▶ 허위 사실에 대한 영상 대응 방법

최근 유튜브 내에서는 허위 사실, 가짜 뉴스에 대한 영상들로 인해 허위 정보를 유통하는 중심지로 지목되면서 논란이 가중되고 있다. 디지털 뉴스 리포트 2020에 따르면 가짜, 허위 정보에 대해 가장 우려되는 플랫폼 설문조사 결과, 한국에서는 유튜브가 31%로 1위를 차지할만큼 국내에서 우려의 목소리가 매우 커지고 있다.

정부에서는 이러한 가짜 뉴스를 통제하기 위해 다양한 법적 규제 등을 펼치고 있다. 그렇다면 우리는 유튜브 내에 가짜 뉴스에 대해 어떻게 대응해야 할까?

실제로 유튜브에서는 해당 담당팀에서 연중무휴로 동영상을 검토한다. 유튜브에 업로드된 영상은 언제든지 신고될 수 있으며, 검토 팀에서 위반 사항을 확인하였다면 해당 영상은 바로 처리가 된다. 유튜브에서는 영상 뿐만 아니라, 댓글 재생목록, 미리보기 이미지, 링크, 실시간 채팅, 그리고 채널까지 모두 신고가 가능하다. 대표적으로 영상 신고하는 방법을 알아보도록 하자.

유튜브에서 허위 사실을 발견했다면?

직접 신고 기능을 활용하자. 영상 하단의 삼점 버튼(⋯)을 클릭하고 [신고]를 선택하면 영상 신고 페이지로 이동하게 된다.

가짜 뉴스, 허위 사실에 대한 영상을 확인했다면 이 기능을 이용해 영상을 직접 신고해보자.

유튜브 내 영상 신고 방법

동영상 신고 분류

영상 신고는 다음과 같이 다양한 사유로 나눠진다. 신고하고자 하는 영상이 어떠한 부분에 대해 문제를 제기하고 있는지 선택하고 체크박스를 클릭하여 세분화된 사유를 선택한다. 각 카테고리별로도 매우 세분화되어 있기 때문에 디테일한 사유로 신고가 가능하다. 총 9가지의 신고 사유로 크게 나뉘었으며 각 사유별 세부적인 사유가 나타나게 된다. 매우 세분화되어 있기 때문에 이슈가 될 만한 부분에 대해서는 명확하게 신고할 수 있다. 다음의 이미지와 표를 참조하며 신고 분류에 대해 알아보도록 하자.

동영상 신고

○ 성적인 콘텐츠 ⑦

○ 폭력적 또는 혐오스러운 콘텐츠 ⑦

○ 증오 또는 악의적인 콘텐츠 ⑦

○ 유해한 위험 행위 ⑦

○ 아동 학대 ⑦

○ 테러 조장 ⑦

○ 스팸 또는 오해의 소지가 있는 콘텐츠 ⑦

○ 권리 침해 ⑦

○ 자막 문제 ⑦

동영상과 사용자가 신고되면 YouTube 담당자가 연중무휴로 검토하여 커뮤니티 가이드의 위반 여부를 판단합니다. 커뮤니티 가이드를 위반한 계정은 불이익을 받게 되며 반복적이거나 심각한 위반이 발생한 경우에는 계정이 해지될 수 있습니다. 채널 신고

취소   다음

유튜브 내 영상 신고 클릭 시 노출되는 팝업

동영상 신고 사유

신고 사유	설명
성적인 콘텐츠	1) 노골적인 성적 표현 콘텐츠 2) 과도한 노출 3) 과도한 노출은 없으나 외설적인 콘텐츠 4) 미성년자 관련 콘텐츠 5) 악의적인 제목 또는 설명 6) 기타 성적인 콘텐츠
폭력적 또는 혐오스러운 콘텐츠	1) 성인 폭력물 2) 신체적 공격 3) 청소년 폭력물 4) 동물 학대
증오 또는 악의적인 콘텐츠	1) 증오심 조장 2) 사회적 약자 학대 3) 괴롭힘 4) 악의적인 제목 또는 설명
유해한 위험 행위	1) 약물 남용 2) 불 또는 폭발물 남용 3) 자살 또는 자해 4) 기타 위험한 행위
아동 학대	미성년자에 대한 성적 표현, 이익 침해 또는 모욕하는 내용이 포함된 모든 콘텐츠
테러 조장	테러리스트 조직원을 모집하고, 폭력을 조장하며 테러리스트의 공격을 찬양하거나 다른 방식으로 테러 행위를 홍보하는 목적의 콘텐츠
스팸 또는 오해의 소지가 있는 콘텐츠	1) 대량 광고 2) 의약품 판매 3) 사용자를 현혹하는 텍스트 4) 사용자를 현혹하는 미리보기 5) 사기
권리 침해	1) 저작권 문제 2) 개인정보 보호 문제 3) 상표권 침해 4) 명예 훼손 5) 모조품 6)기타 법적인 문제
자막 문제	1) 자막이 없음 2) 자막이 정확하지 않음 3) 욕설이 포함된 자막

유튜브 홈 화면에서 좌측 하단의 [YOUTUBE 더보기] – [신고 기록]을 클릭하면 동영상 신고 기록을 확인할 수 있다. 어떤 콘텐츠를 어떠한 사유로 신고를 했는지, 상태는 어떠한지까지 확인할 수 있으니, 내가 신고한 영상에 대한 처리 상태가 궁금하다면 해당 페이지를 참고하도록 하자.

YOUTUBE 더보기

- YouTube Premium
- 영화
- 게임
- 실시간
- 학습
- 설정
- 신고 기록
- 고객센터
- 의견 보내기

동영상 신고 기록 확인1

신고해 주셔서 감사합니다.

YouTube 커뮤니티의 모든 회원은 YouTube 커뮤니티 가이드를 위반한다고 생각하는 콘텐츠를 YouTube에 신고할 수 있습니다. 콘텐츠가 신고되어도 자동으로 게시 중단되는 것은 아닙니다. 신고된 콘텐츠는 다음 가이드라인에 따라 검토됩니다.

• YouTube 커뮤니티 가이드를 위반하는 콘텐츠는 YouTube에서 삭제됩니다.
• 미성년자에게 부적절할 수 있는 콘텐츠는 연령 제한이 적용될 수 있습니다.

YouTube에서 콘텐츠를 신고하는 방법에 대해 알아보세요.

전체 ▾

유형	콘텐츠	신고 사유	상태
▦ 동영상		스팸 또는 오해의 소지가 있는 콘텐츠 2020. 3. 29.	실시간

동영상 신고 기록 확인2

　　신고한 영상의 검토가 시작되면, 검토자는 영상 콘텐츠를 분류하게 된다. 이상이 없는 영상이라면 그대로 아무런 조치 없이 넘어가겠지만, 영상 내용에 따라 '제한된 동영상' 라벨이 붙는 경우, 삭제는 되지 않지만 연령 제한이 붙을 수 있다. 유튜브 삭제의 경우 영상 자체를 유튜브 검토팀에서 삭제하는 경우이다. 영상 업로드 유저에게 가이드를 위반한 사실을 고지하게 되며 위반 정보가 심할 경우, 채널과 동영상이 즉시 삭제될 수 있다.

▶ 유튜브 광고 시 노출 지면 안정성 확보를 위한 방안

구글애즈를 통해 유튜브 광고를 하게 되면, 게재위치를 통해 내가 설정해 놓은 채널을 확인할 수 있을 뿐만 아니라 어떠한 위치에 우리 광고가 노출되고 있는지도 확인 가능하다. 실제로 내 광고가 노출된 지면을 보고 싶다면, 구글애즈 광고가 게재된 위치에서 확인해보도록 하자.

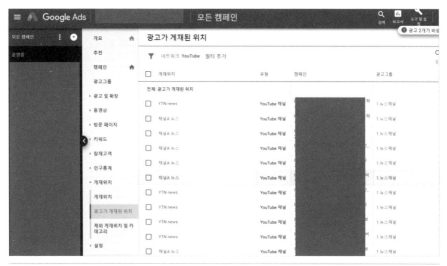

구글애즈 대시보드 내 광고게재 확인

내 브랜드 광고 진행 시 게재위치 타겟팅만 활용하고 있다면, 내가 설정한 채널 내 영상 앞단에만 노출되기 때문에 광고 노출에 대한 불안정성은 걱정하지 않아도 된다. 하지만 우리는 구글애즈를 활용하면서 게재위치 타겟팅만 활용할 것이 아니기 때문에 어떻게 하면 노출 지면의 안전성을 가져갈 수 있을지 알아보는 시간을 갖도록 하자.

제외 게재위치 설정

내가 노출을 원하지 않는 채널을 제외할 수 있는 기능이다. 가장 확실하게 노출 지면을 제외할 수 있기 때문에 브랜드 세이프티를 가져가기 적합한 방법이다.

브랜드에 적합하지 않는 채널들을 리스트업하여 링크 형식으로 넣게 되면 해당 채널들은 노출에서 제외된다. 한 번에 최대 20,000개까지 입력할 수 있으며 계정당 총 65,000개까지 입력할 수 있으므로 내가 제외하고자 하는 채널들은 거의 커버 가능하다.

게재위치 제외는 광고 그룹단부터 계정 전체 단위까지 모두 설정 가능하기 때문에 해당 캠페인에서만 제외하고 싶다면, 캠페인 단에서 제외 위치를 설정해주면 된다.

제외 게재위치는 게재위치 타겟팅과 동일하게 유튜브 채널, 유튜브 동영상, 웹사이트, 앱까지 모두 포함이며 앱의 경우 카테고리로도 나눠져 있어 분류하기 편리하게 설정할 수 있다.

제외 게재위치 설정 방법

콘텐츠 제외 설정

콘텐츠 설정은 게재위치 타겟팅처럼 지면을 타겟팅하지는 않지만 구글이 라벨링해 놓은 등급에 맞춰 노출 여부를 설정할 수 있는 기능이다.

콘텐츠 제외 설정을 사용하면 내 브랜드에 적합하지 않을 수 있거나 내 광고 목표 달성에 도움이 되지 않을 수 있는 특정 카테고리의 웹사이트, 동영상, 모바일 앱에는 내 광고가 게재되지 않게 할 수 있다.

콘텐츠 제외 옵션 목록에는 인벤토리 유형, 디지털 콘텐츠 라벨, 콘텐츠 유형 이렇게 3가지로 나눌 수 있다.

인벤토리 유형

인벤토리 유형을 사용하면 내 캠페인의 브랜드나 메시지에 부합하지 않는 민감한 콘텐츠를 제외할 수 있다. 총 3가지 유형으로 분류되어 있으며 일반적으로는 표준 인벤토리를 기본 설정으로 진행하게 된다.

인벤토리 유형

유형	설명
확장된 인벤토리	이 옵션을 사용하면 구글에서 표준화한 수익 창출 기준을 충족하는 유튜브 및 구글 동영상 파트너의 모든 동영상에 광고 게재 가능
표준 인벤토리	모든 구글애즈계정에는 기본적으로 이 인벤토리 유형이 선택된다. 이 옵션을 사용하면 인기 있는 뮤직 비디오, 다큐멘터리 및 동영상과 같이 대부분의 브랜드에 적합하고 다양한 콘텐츠에 광고를 게재 가능
제한된 인벤토리	이 옵션을 사용하면 부적절한 언어 및 성적인 암시에 대해 광고주 친화적인 콘텐츠 가이드라인에서 정한 수준 이상으로 엄격한 가이드라인을 적용하는 브랜드에 적합하도록 콘텐츠의 범위를 줄여 광고 게재 가능

디지털 콘텐츠 라벨

디스플레이 네트워크와 유튜브의 웹사이트, 페이지, 동영상 및 앱은 구글 분류 기술을 통해 분석되고 다양한 잠재고객을 위해 해당 콘텐츠의 적합성에 따라 디지털 콘텐츠 라벨이 지정된다. 동영상 캠페인에서 특정 디지털 콘텐츠 라벨을 제외하면 해당 라벨이 지정된 콘텐츠에는 내 광고가 게재되지 않도록 할 수 있다.

디지털 콘텐츠 라벨

라벨	설명
DL-G	전체 이용가 콘텐츠('가족용 콘텐츠'도 선택 가능)
DL-PG	대부분의 사용자에게 적합한 콘텐츠(보호자의 지도 필요)
DL-T	청소년 이상의 사용자에게 적합한 콘텐츠
DL-MA	성인용 콘텐츠
등급 미지정	분류 과정을 완료하지 않아 아직 등급이 지정되지 않은 콘텐츠

콘텐츠 유형

특정 콘텐츠 형식을 제외하여 해당 콘텐츠 유형에 광고가 게재되지 않도록 할 수 있다. 이 기능을 이용하면 내 니즈에 부합하지 않거나 내 고객이 방문하지 않는 유형의 콘텐츠를 제외할 수 있다.

콘텐츠 유형

콘텐츠 유형	설명
삽입된 유튜브 동영상	YouTube.com 외부의 웹사이트에 삽입된 동영상
실시간 스트리밍 동영상	인터넷을 통해 스트리밍 되는 실시간 이벤트 동영상

제외 키워드 설정

게재지면을 설정하는 것과 비슷한 방식으로 제외 키워드를 설정하는 것이다. 노출을 원하지 않는 채널들을 모두 리스트업해서 제외시키는 것이 가장 안전한 방법이지만 매일 다양하게 생성되는 영상과 채널을 모두 제외하기란 사실상 어려운 일이다. 그렇기 때문에 우리 브랜드와 어울리지 않은 키워드, 민감한 사회 키워드들은 모두 제외하여 운영하게 되면 해당 키워드들이 담겨 있는 영상, 채널에 우리 광고 노출을 제한할 수 있다.

이렇게 3가지의 방법으로 게재지면의 세이프티를 가져가는 방법을 알아보았다. 특히 시청자 기반 타겟팅 기법을 활용하고 있지만 지면의 안정성까지 보장되어야 한다면 오늘 배운 방법들을 잘 숙지하고 있도록 하자.

PART 06

Appendix:
구글애즈(Google Ads)
동영상 광고 전문가
자격 취득

▶ 동영상 광고 시험 합격을 위한 필수 개념 체크

▶ 동영상 광고 인증시험 모의고사

앞선 파트들을 통해 유튜브와 마케팅 단계에 맞는 유튜브 광고 상품, 운영, 최적화 전략 등을 알아보았다. 마지막으로 구글애즈 광고 전문가 자격증을 취득할 수 있는 '동영상 광고 인증 시험'에 대해 소개하려고 한다.

☑ Google Skillshop

구글 스킬샵은 Google의 제품 전문가들이 개발한 온라인 학습 과정으로 학습 후 인증 시험을 통과하면 해당 분야의 자격증을 얻을 수 있다.

스킬샵 내에 있는 구글애즈_동영상 광고 시험은 구글애즈 동영상 광고 캠페인 생성과 운영, 최적화 등 동영상 광고 전반에 대한 개념을 묻는다.

유튜브 마케팅 전문가가 되기 위해서 스킬샵을 통해 학습하고 자격증에 도전해 보자.

- **구글 스킬샵**: https://skillshop.withgoogle.com/intl/ko_ALL/

Google Skillshop

동영상 광고 시험은 구글 아이디로 로그인한 후 '구글애즈 동영상' 페이지에서 '구글애즈 동영상 인증서'를 클릭하여 인증 시험을 진행하면 된다. 동영상 광고에 대해 더 공부하고 싶다면 학습을 선택하자.

구글 애즈 동영상 인증서

▶ 동영상 광고 시험 합격을 위한 필수 개념 체크

동영상 광고 형식 정보

1) 건너뛸 수 있는 인스트림(Skippable Instream)

건너뛸 수 있는 인스트림 광고는 유튜브 동영상 광고의 가장 대표적인 광고 상품으로, 영상 시청 전후 또는 중간에 '5초 건너뛰기' 버튼과 함께 노출된다.

광고가 시작되면 5초간 광고가 강제로 노출된 이후 건너뛰기(skip) 버튼이 나타난다. 과금 방식으로는 CPV(Cost Per View), 타겟 CPM, 타겟 CPA, 전환수 최대화 입찰을 적용할 수 있다. CPV 입찰을 사용하면 영상이 30초 이상일 경우 30초 이상을, 30초 미만일 경우 광고 전체를 시청해야 광고 비용이 발생한다. 추가로 영상 내 다양한 클릭 영역(제목, 랜딩 URL, CTA 등)을 클릭하여 광고와 상호 작용을 하여도 과금이 된다.

건너뛸 수 있는 인스트림 광고는 유튜브 시청화면과 Google 동영상 파트너에서 실행되는 웹사이트 및 앱에 게재된다.

건너뛸 수 있는 인스트림 (출처 : Google Support)

2) 건너뛸 수 없는 인스트림(Non-Skippable Instream)

건너뛸 수 없는 인스트림 광고는 15초 이하 길이의 광고로 다른 동영상 전후 또는 중간에 재생된다. 시청자가 동영상을 건너뛸 수 없기 때문에 광고 메시지 전체를 보도록 하고자 할 때 건너뛸 수 없는 인스트림 광고를 사용한다.

과금 방식으로는 타겟 CPM 입찰을 사용하며 광고가 노출될 때마다 비용이 지불된다. 건너뛸 수 있는 인스트림 광고와 동일하게 유튜브 보기 페이지와 구글 동영상 파트너에서 실행되는 웹사이트 및 앱에 게재된다.

건너뛸 수 없는 인스트림 (출처 : Google Support)

3) 트루뷰 디스커버리(Trueview Discovery)

트루뷰 디스커버리(이하 디스커버리) 광고는 관련 유튜브 동영상 옆, 유튜브 검색결과의 일부분 또는 유튜브 모바일 홈페이지 등에 노출되며, 텍스트와 함께 동영상의 미리보기 이미지로 구성된다.

디스커버리 광고 방식은 영상을 시청할 의도가 있는 시청자들이 미리보기 이미지 또는 텍스트를 클릭하여 영상을 본다. 그렇기 때문에 일반적으로 시청 시간이 길며, 광고 클릭 시 영상 페이지로 이동된다.

영상 시청 페이지로 이동하기 때문에 구독하기, 좋아요, 싫어요, 댓글, 공유하기 등 유저들의 다양한 참여를 유도할 수 있으며, PC에서는 영상의 오른쪽, 모바일에서는 영상 하단 영역에 광고주 채널(영상 업로드 채널)내에 있는 다른 영상들이 추천이 되어 추가 조회수를 확보할 수 있다.

비용은 시청자가 미리보기 이미지를 클릭하여 광고를 보기로 선택한 경우에만 비용이 청구된다. 노출이 되었으나 광고가 클릭되지 않을 경우에는 과금이 되지 않는다.

트루뷰 디스커버리 (출처 : Google Support)

4) 범퍼애드(Bumper AD)

범퍼애드는 짧고 기억하기 쉬운 메시지로 광범위한 고객에게 도달하고자 할 때 사용한다. 길이는 6초 이하로, 영상 재생 시 전후 또는 중간에 재생되며 시청자는 광고를 건너뛸 수 없다.

범퍼애드는 유튜브 동영상과 구글 동영상 파트너 웹사이트 및 앱에 노출할 수 있으며, 타겟 CPM 입찰을 사용하여 광고가 노출될 때마다 과금된다.

범퍼애드 (출처 : Google Support)

5) CPM 마스트헤드 광고(CPM Masthead)

새로운 서비스나 신제품에 대한 인지도를 높이거나, 할인 행사와 같이 단기간 내에 방대한 잠재고객에게 도달하고자 할 때 사용하는 CPM 마스트헤드 광고는 유튜브 홈피드 및 유튜브 앱 또는 m.youtube.com 홈피드와 TV용 유튜브 앱 상단에 노출되며, 소리 없이 자동 재생된다.

CPM 마스트헤드는 Google 담당자를 통한 예약으로 진행할 수 있다.

마스트헤드 (출처 : Google Support)

동영상 타겟팅 정보

• 위치 타겟팅

위치 타겟팅을 사용하면 광고를 게재할 특정 위치를 선택할 수 있으며, 선택된 위치에만 광고가 노출된다. 또한 특정 지역에 광고를 게재하지 않으려는 경우 캠페인에서 제외할 위치를 선택할 수도 있다.

위치 타겟팅은 2가지 원리가 적용된다. 하나는 유저의 지리적 위치를 기반으로 한 광고 노출, 하나는 유저의 관심사를 기반으로 한 광고 노출이다.

먼저 가장 일반적인 위치 타겟팅 방식인 유저의 위치를 기반으로 한 광고 노출은 컴퓨터의 IP 주소를 기반으로 하며, 휴대 기기의 이동통신사 정보 등을 활용하여 식별하게 된다. 이 방법을 활용하면, 대한민국 혹은 특정 권역이나 도시를 타겟팅하여 해당 지역의 유저들에게만 광고를 노출할 수 있다. 뿐만 아니라 국내에서 미국, 유럽, 동남아 어디든 설정이 가능해 전 세계 어느 시장이든 타겟팅하여 광고를 노출할 수 있다.

유저의 관심사를 기반으로 한 광고 노출의 경우 구글애즈 캠페인 설정 내 고급 옵션으로 설정할 수 있다. 관심사 기반의 위치 타겟팅은 최근 유저가 검색한 키워드와 사용자의 이전 위치 기록, 구글 지도에 검색한 정보 등을 기반으로 진행된다.

• 언어 타겟팅

언어 타겟팅은 광고를 보여주고 싶은 유저들이 평소에 어떤 언어의 인터넷 콘텐츠를 소비하는지, 구글 검색, Gmail 등 구글 제품은 어떤 언어로 설정하여 사용하는지 등을 기반으로 타겟팅된다.

'한국어' 타겟팅 시 유튜브 및 웹사이트를 이용할 때 한국어로 설정한 유저들이, '영어' 타겟팅 시 영어로 설정해둔 유저들이 타겟팅된다. 여러 언어 또는 모든 언어를 타겟팅하는 것도 가능하며, 이를 위치 타겟팅과 결합하여 국내에 있는 외국인이나 해외에 있는 한국인에게 광고를 노출할 수 있다.

- **기기(Device) 타겟팅**

기기 타겟팅을 활용하여 PC, 모바일, 태블릿, TV와 같이 원하는 기기에 선택적으로 광고를 노출할 수 있다. 기기는 구글애즈 설정에서 타겟팅할 기기 유형을 선택하거나 제외할 기기의 입찰가를 감액 100%로 조정하여 설정할 수 있다.

이뿐만 아니라 모바일 운영 체제(Android, iOS 등)와 휴대폰 기종, 통신사별 타겟팅도 가능하다.

- **키워드(문맥) 타겟팅**

키워드 타겟팅은 광고 노출을 극대화하고, 타겟 유저들에 대한 광고 성과를 높일 수 있는 유튜브 광고 핵심 타겟팅 중 하나이다.

설정한 키워드(문맥) 목록을 유튜브 내 전체 동영상과 구글 비디오 네트워크 내 영상들의 콘텐츠적 유사성을 매칭하여 광고가 노출된다.

- **채널(게재위치) 타겟팅**

채널 타겟팅은 내가 광고 영상을 게재하고 싶은 특정 채널과 특정 영상을 타겟팅하여 광고를 노출하는 방법이다. 이 타겟팅을 활용하면 광고 영상의 모델이 나온 다른 영상들에 광고가 노출되게 할 수 있으며, 광고 제품이 나온 영상들에도 광고가 나오게 설정할 수 있다.

이때 타겟팅한 채널 혹은 영상에 우리 광고만 노출되는 것은 아니니 오해하지 않도록 주의해야 한다.

- **주제 타겟팅**

주제 타겟팅을 사용하면 유튜브에서 광고주가 선택한 주제와 관련된 콘텐츠가 있는 콘텐츠에 광고를 게재할 수 있다. 또한 특정 주제에 대한 페이지를 타겟팅할 수 있는 것처럼 특정 주제를 제외하여 주제가 고객과 관련성이 낮은 웹페이지에 광고가 게재되지 않도록 할 수도 있다.

- 관심분야 잠재고객 타겟팅

관심분야 잠재고객은 평소 특정 콘텐츠를 즐겨 보는 등 유저 습관 및 관심분야를 기반으로 분류되어 있어, 특정 카테고리를 선택하여 관심도가 높은 유저에 광고를 노출할 수 있다.

예를 들어 화장품을 홍보하는 기업에서는 주 고객층의 관심도가 높은 미용, 쇼핑 등의 카테고리를 선택하면 된다.

- 구매의도 잠재고객 타겟팅

구매의도 잠재고객 타겟팅은 특정 분야의 구매 가능성이 큰 잠재고객의 전환에 초점을 둔 광고주를 위한 잠재고객 카테고리로, 구매의도가 매우 높은 유저들이 다양한 카테고리로 나누어져 있다. 구매의도가 있는 잠재고객, 즉 광고주가 제공하는 것과 유사한 서비스 또는 제품을 검색하면서 구매를 적극적으로 고려하는 고객에게 광고를 노출하고자 한다면 이 타겟팅을 활용하면 된다.

- 맞춤 잠재고객(관심분야 및 맞춤 구매의도) 타겟팅

우리 광고 영상과 제품에 알맞은 유저에 광고를 노출하기 위해 맞춤 잠재고객을 활용할 수 있다.

맞춤 잠재고객은 잠재고객 탭 내 맞춤 잠재고객을 선택하여 제품 또는 서비스와 관련된 특정 키워드, URL 및 앱을 입력하여 설정하면 된다. 해당 잠재고객을 활용 시 유저가 사용하는 앱, 온라인으로 둘러보거나 검색하는 콘텐츠 유형 등 유저의 행동과 활동을 바탕으로 입력한 키워드 및 URL, 앱과 유사한 콘텐츠를 둘러보는 사용자에게 광고가 노출된다.

- 인구통계(성별/연령) 타겟팅

인구통계 타겟팅을 통해 광고 시청자의 연령과 성별을 직접 선택할 수 있다. 예를 들어 20대 여성 쇼핑몰을 운영 중인 업체에서는 구글에서 제공하는 성별과 연령 기반의 정보를 활용하여 원하는 타겟 유저에게만 광고를 노출시킬 수 있다. 또한 최근 업데이트를 통해 자녀 유무 및 결혼 유무 역시 타겟팅할 수 있게 되었다.

- **리마케팅**

리마케팅은 온라인 광고에 있어 가장 고도화된 타겟팅 방식이다. 유튜브 광고에서도 리마케팅은 브랜드 인지도와 퍼포먼스를 높일 수 있는 매우 핵심적인 타겟팅 방식으로 사용하고 있다.

리마케팅을 위해선 영상이 업로드된 유튜브 채널과 유튜브 광고를 진행할 구글애즈 계정을 연동하는 것이 필수이다. 채널과 구글애즈 계정 연동을 마치면 바로 시청자 목록을 다양하게 만들어 그들의 정보를 최대 540일까지 보관할 수 있다. 채널 방문자, 채널 영상 시청자, 채널 구독자 등 시청자 유형별로 목록을 만들고 각 타겟팅에 맞는 광고 집행이 가능하다.

또한 웹사이트를 이용할 경우에는 구글애즈 및 구글 애널리틱스를 통해 생성한 웹사이트 방문자, 상품 페이지 조회자, 구매유저 등 다양한 단계에 있는 웹사이트 유저를 타겟팅할 수 있다.

채널과 구글애즈 계정 연동을 통해 생성할 수 있는 리마케팅 목록

- 채널의 동영상을 조회
- 특정 동영상을 조회
- 채널의 동영상을 광고로 조회
- 특정 동영상을 광고로 조회
- 채널 구독
- 채널 페이지 방문
- 채널의 동영상에서 '좋아요' 클릭
- 채널의 동영상을 재생목록에 추가함
- 채널의 동영상을 공유함

주요 광고지표 이해하기

- **노출수**: 동영상 광고가 게재된 횟수

- **조회수**: 유저가 동영상을 조회(시청)한 횟수

- **조회율(VTR)**: 광고노출 대비 조회(시청)한 비율 (조회수/노출수)×100

- **CPV(Cost Per View)**: 영상 광고의 과금 방식 중 하나로 영상에 대한 조회(시청) 또는 클릭 발생시 과금되는 방식

- **CPM(Cost Per Mille)**: 1,000회 노출당 비용을 말하며 1,000회 노출이 발생할 때 마다 비용이 지불되는 방식. 광고 효과, 홍보 효과를 측정하는 방법으로 노출 횟수를 기준으로 삼는 광고에 사용되는 방식

- **CPC(Cost Per Click)**: 영상 내 클릭 영역(채널명, 영상 제목, 컴패니언 배너, CTA 등) 클릭 시 과금 비용

- **CTR**: 광고 노출수 대비 클릭된 비율 (클릭수 / 노출수)×100

- **광고 게재 순위**: 최대 CPV 입찰가, 영상 조회율, 영상 시청시간 등을 바탕으로 산정 되는 광고 순위

- **동영상 재생 진행률** :
  - **25%**: 동영상이 재생 시간의 25%까지 재생된 비율
  - **50%**: 동영상이 재생 시간의 중간까지 재생된 비율
  - **75%**: 동영상이 재생 시간의 75%까지 재생된 비율
  - **100%**: 동영상이 끝까지 재생된 비율

- **Active View**: 유튜브, 일부 디스플레이 네트워크 웹사이트 및 앱에서 잠재고객이 광고를 조회할 수 있는지를 애즈 시스템이 판단할 수 있게 해주는 기술. 영상 광고는 광고 영역의 50% 이상이 화면에 나타나고 동영상이 2초 이상 재생될 때 조회 가능으로 간주됨

- **무효 클릭**: 사용자가 의도하지 않은 클릭이나 악성 소프트웨어로부터 발생한 클릭 등 구글에서 불법으로 간주하는 클릭으로, 이러한 비정상적인 조회 또는 클릭, 무효 클릭 발생 시 구글애즈 내 크레딧을 통해 환급됨

- **쿠키**: 사용자가 방문한 웹페이지에서 이용된 환경설정 및 기타 정보를 사용자의 컴퓨터에 저장하는 작은 파일, 쿠키를 활용하여 특정 웹사이트에 대한 사용자 설정을 저장 가능. 방문자가 특정 웹사이트에 도달한 방법 및 행동을 추적하는 데 사용됨

▶ 동영상 광고 인증시험 모의고사

구글애즈 동영상 평가는 50개 문항으로 이루어져 있으며 평가 소요 시간은 75분이다.

구글에서 답을 공개하는 행위는 금지하고 있기 때문에 다음 동영상 광고 인증시험 모의고사의 답은 제공하지 않는다. 독자분들이 직접 공부하고 문제를 풀어보며 전문가가 되는 목표에 한걸음 더 다가갈 수 있기를 바란다.

 주의 사항

- 합격하려면 80% 이상 득점해야 합니다.
- 평가를 끝까지 마치지 않거나 제한 시간 내에 필요한 수만큼 문제를 맞히지 못하면 평가를 통과할 수 없으며 중단했던 문제부터 다시 시작할 수 없습니다.
- 다음 질문으로 이동하거나 마지막 질문에서 제출 버튼을 누른 후에는 답변을 검토하거나 수정할 수 없습니다.
- 지난번 시도에서 실패했다면 1일을 기다려야 이 평가에 재응시할 수 있습니다.

---

01 유튜브 캠페인에 권장되는 스토리텔링 방법 중 긴 형식의 광고 소재 광고를 사용해 브랜드의 메시지를 전달하고 짧은 광고로 이를 보강하는 방법은 무엇인가요?

① 직접 촬영한 스토리텔링 방법

② 답변/사용자/방법

③ 호기심 자극, 관심 증폭, 반복 방법

④ 후속 광고 스토리텔링 방법

02 다음 중 어떤 경우가 액션 TrueView 캠페인에서 조회연결 전환으로 집계되나요?

① 사용자가 광고 요소를 클릭하고 3일 내에 전환됩니다.

② 사용자가 광고에 한 번 노출된 후 3일 내에 전환됩니다.

③ 사용자가 광고 요소를 클릭하고 24시간 내에 전환됩니다.

④ 사용자가 광고에 한 번 노출된 후 24시간 내에 전환됩니다.

03 온라인 마케팅 업체에서 일하는 앨리엇은 활성 사용자 수가 매달 20억 명이 넘는 폭넓은 도달범위와 사용자 기반을 넓힌 최근의 혁신을 감안했을 때 광고주의 광고 전략에 유튜브를 추가할 경우 큰 효과를 얻을 것이라고 생각합니다. 앨리엇이 광고주에게 소개할 수 있는 2가지 차세대 혁신 기술은 무엇인가요? (2개 선택)

① 게임 콘솔 에뮬레이션

② 모바일 실시간 스트리밍

③ VR 360

④ 유튜브 TV 화면

⑤ 실시간 액션 입찰

04 마케팅 업체의 광고 책임자인 클레어는 유튜브 광고를 사용해 '각자의 황금 시간대'에 잠재고객에게 도달하고 있습니다. 잠재고객에게 도달하고자 하는 순간이 언제인가요?

① 잠재고객이 일반적이고 인기 있는 유튜브 콘텐츠를 필요로 하여 참여도가 높은 순간

② 잠재고객이 주변의 방해 없이 집에 있어 참여도가 높은 순간

③ TV를 시청하는 순간과 비슷하게 저녁 시간대에 제공된 콘텐츠를 잠재고객이 몰입하여 시청하는 순간

05 유튜브를 이용하는 광고주를 지원하기 위해 구글에서는 ABCD라는 성공적인 캠페인 권장사항을 마련했습니다. 각 권장사항에 알맞은 의미를 연결하세요.

> 1) 자연스러우면서도 목적에 맞게 브랜딩합니다.
> 2) 잠재고객이 취해야 할 조치를 분명하게 전달합니다.
> 3) 강렬한 첫인상으로 유튜브 광고를 시작합니다.
> 4) 감성, 청각, 속도를 활용합니다.
> A. 브랜드
> B. 직접
> C. 관심 유도
> D. 소통

1) ●	● A
2) ●	● B
3) ●	● C
4) ●	● D

06 유튜브 마스트헤드는 어떤 목표를 가진 광고주에게 효과적인가요?

① 신제품 출시에 대한 인지도를 향상시킵니다.

② 웹사이트 내 액션을 유도합니다.

③ 의사 결정 시기에 있는 잠재고객을 타겟팅합니다.

④ 광고 회상률 및 브랜드 영향력을 높입니다.

07 ABCD 프레임워크에 따라 시청자 관심을 유도하고 광고를 시청할 이유를 제공하는 방법은 무엇인가요?

① 고급 카메라 시스템에 투자해 동영상 광고 세그먼트를 촬영합니다.

② 전문 작가를 고용해 유튜브 캠페인 스크립트를 작성합니다.

③ 강렬한 첫인상으로 광고를 시작하고 관심을 사로잡는 등 초반에 주력한 스토리 전개를 사용합니다.

④ 밝은 색상과 큰 소리로 처음 5초 안에 관심을 사로잡습니다.

08 맞춤 의도 잠재고객을 사용하면 브랜드가 유튜브에서 액션을 유도할 수 있습니다. 맞춤 의도 잠재고객의 주요 기능은 무엇인가요?

① 맞춤 의도 잠재고객을 사용하면 지난 7일 내에 제품을 구입한 사용자에게 도달합니다.

② 맞춤 의도 잠재고객을 사용하면 내 광고 중 하나를 클릭한 사용자에게 도달합니다.

③ 맞춤 의도 잠재고객을 사용하면 해당 국가의 특정 지역에 거주하는 사용자에게 도달합니다.

④ 맞춤 의도 잠재고객을 사용하면 최근 구글에서 검색한 사용자에게 도달합니다.

09 데비는 유튜브가 어떻게 실시간 데이터와 강력한 신호를 활용해 이야기를 효과적으로 전달하여 브랜드가 가장 가치 있는 고객 및 잠재고객에게 도달하도록 돕는지 신규 광고주에게 설명했습니다. 그 밖에 언급해야 할 유튜브 잠재고객 솔루션의 이점은 무엇인가요?

① 무료 구글 크레딧

② 교차 기기 도달

③ 예산 한도 감소

10 액션을 유도하는 것이 목표일 때는 의도가 가장 명확한 잠재고객에게 집중해야 합니다. 각 '하위 유입경로' 잠재고객 유형에 알맞은 설명을 연결하세요.

> 1) 이미 구글 검색에서 내 비즈니스와 유사한 제품 또는 서비스를 검색하는 데 시간을 할애한 사람들
>
> 2) 이미 내 비즈니스를 이용한 적이 있으나 당시에 전환하지 않은 사람들
>
> 3) 현재 타겟팅 중이거나 내 비즈니스를 자주 찾는 고객과 프로필이 유사한 사람들
>
> 4) 내 비즈니스와 특정 제품 또는 서비스를 적극적으로 조사하는 사람들
>
> A. 구매 의도 잠재고객
>
> B. 리마케팅 또는 고객 일치 타겟팅
>
> C. 유사 잠재고객
>
> D. 유튜브 맞춤 의도 잠재고객

1) ●   ● A

2) ●   ● B

3) ●   ● C

4) ●   ● D

11 브랜드 광고효과를 이용한 광고 소재 실험은 필요한 정보를 얻을 수 있는 매우 효과적인 방법입니다. 첫 번째 단계는 무엇인가요?

① 광고 스크립트를 작성합니다.   ② 가설 초안을 작성합니다.

③ 캐릭터를 만듭니다.   ④ API에 연결합니다.

12 효과적인 범퍼애드 제작을 위해 구글에서 권장하는 팁은 무엇인가요?

① 간결한 하나의 목적에 집중하기

② 광고에서 오디오를 삭제하기

③ 기존 유튜브 광고의 길이를 줄이기

④ 모든 아이디어를 하나의 광고에 포함시키기

13 CPD 입찰 접근 방식을 사용할 수 있는 유튜브의 인지도 관련 광고 형식은 무엇인가요?

① 범퍼애드   ② 마스트헤드

③ 트루뷰 포 리치   ④ 아웃스트림 광고

14 구글 동영상 전문가인 미란다는 직접 반응 목표를 달성하려는 광고주에게 유튜브를 추천합니다. 유튜브는 월간 로그인 사용자 수가 20억 명을 넘으며 웹사이트 조회가능성과 청취가능성이 95%로 가장 높은 수준을 자랑하므로 액션을 유도하는 데 효과적입니다.
유튜브가 액션 유도에 효과적인 그 밖의 이유는 무엇인가요?

① 전 세계 쇼핑객 중 70% 이상이 유튜브에서 발견한 제품을 구매했습니다.

② 전 세계 쇼핑객 중 40% 이상이 유튜브에서 발견한 제품을 구매했습니다.

③ 전 세계 쇼핑객 중 80% 이상이 유튜브에서 발견한 제품을 구매했습니다.

④ 전 세계 쇼핑객 중 60% 이상이 유튜브에서 발견한 제품을 구매했습니다.

15 범퍼애드의 주요 이점은 무엇인가요?

① 컴퓨터를 사용하는 시청자에게서 가장 성공적인 결과를 거둘 수 있습니다.

② CPD 또는 CPC로 구매할 수 있습니다.

③ 매우 정확한 실시간 데이터를 제공합니다.

④ 광고주를 위해 TrueView에 필적하는 브랜드 영향력을 제공합니다.

16 타겟 CPA를 달성하며 수동으로 최적화하지 않고도 ROI를 높여 더 많은 전환을 이끌어 낼 수 있는 입찰 전략은 무엇인가요?

① 타겟 조회당 비용(eCPV)   ② 타겟 전환당 비용(tCPA)

③ 타겟 리드당 비용(tCPL)   ④ 타겟 클릭당 비용(CPC)

17 셀리나는 인테리어 및 원예 센터 체인점의 유튜브 캠페인을 작업하고 있습니다. 이곳의 점주는 마케팅 목적으로 몇 년 전에 수집한 기존 고객의 이메일 주소를 사용해 새로운 화초 제품을 홍보하고 싶어합니다. 셀리나의 유튜브 캠페인에 적합한 자사 잠재고객 솔루션은 무엇인가요?

① 맞춤 의도 잠재고객

② 유사 잠재고객

③ 고객 일치 타겟팅 잠재고객

④ 맞춤 관심분야 잠재고객

18 신디는 광고주를 만나 온라인 광고 전략에 유튜브를 추가하는 방안에 대해 논의했습니다. 구글 데이터 및 도구는 광고 형식, 인벤토리, 잠재고객, 측정 솔루션이 이상적인 조합을 이루어 인지도 및 구매 고려도 등 고객이 중시하는 비즈니스 성과를 달성할 수 있다고 신디는 광고주에게 설명했습니다. 유튜브로 얻을 수 있는 그 밖의 비즈니스상 이점은 무엇인가요?

① 개발: 업그레이드, 프리롤, 실험

② 액션: 온라인 전환, 매장 방문, 판매 상승

③ 사기: 만족도 증가, 유지율 증가, 승인

④ 동기: 유도, 클릭 유도문안, 참여

19 다음 중 구글 및 유튜브의 인지도 관련 제품은 무엇인가요?

① 구매의도 잠재고객

② 리마케팅

③ 트루뷰 포 리치

④ 관심분야

20 다음 중 구글의 범퍼애드 분석에서 광고 회상이 크게 향상되는 상황은 무엇인가요?

① 소비자가 범퍼애드를 3번 이상 시청했을 때

② 범퍼애드가 10초간 표시되었을 때

③ 범퍼애드를 건너뛸 수 있을 때

④ 범퍼애드가 적절한 프레임에 표시되었을 때

21 건너뛸 수 없는 인스트림 광고에 대한 올바른 설명은 무엇인가요?

① 건너뛸 수 없는 인스트림 광고는 TV 캠페인을 보완하고 도달범위를 확대합니다.

② 건너뛸 수 없는 인스트림 광고는 구글애즈를 통해 타겟 CPM 기준으로 구매합니다.

③ 건너뛸 수 없는 인스트림 광고는 동영상 전에 게재되는 6초 분량의 광고입니다.

④ 건너뛸 수 없는 인스트림 광고는 유튜브 및 구글 지도에서 사용할 수 있습니다.

22 다나는 새 마스카라 제품을 출시하려는 메이크업 유통업체와 회의 중입니다. 다나 유튜브를 사용해 메시지를 전달하라고 고객을 설득했으며 마케팅 목적으로 제공된 고객 데이터를 사용하는 고객 일치 타겟팅이 적합한 잠재고객 솔루션이라고 생각합니다. 하지만 고객이 고객 일치 타겟팅의 기본 원리에 대해 잘 이해하지 못합니다. 그래서 다나는 고객이 이해하기 쉽도록 고객 일치 타겟팅을 3단계 과정으로 구분합니다. 고객 일치 타겟팅의 3단계 과정은 무엇인가요?

① 입력 분류, 값 배포, 특징 지정

② 데이터 파싱, 파일 형식 지정, 보고서 생성

③ 데이터 업로드, 데이터 일치, 잠재고객 목록 생성

④ 입력란 생성, 파일 변환, 고객 역할 입력

23 사용자 행동을 분석해 최근에 대학을 졸업했으며 이사할 가능성이 있는 잠재고객 등을 파악할 수 있는 구글 잠재고객 신호 유형은 무엇인가요?

① 생애 주요 이벤트

② 소비자 패턴

③ 맞춤 관심분야 잠재고객

④ 구매의도 잠재고객

24 트루뷰 포 리치의 주요 이점은 무엇인가요?

① 조회당 비용(CPV)을 기준으로 한 청구 방법을 사용합니다.

② 시청자가 광고를 30초 동안 시청하면 요금이 청구됩니다.

③ 조회수가 아닌 노출수에 맞춰 최적화합니다.

④ 광고주가 조회수를 극대화하도록 도와줍니다.

25 구글 동영상 파트너에서 사용할 수 있는 동영상 형식은 무엇인가요?

① 동영상 마스트헤드

② 트루뷰 포 리치

③ 트루뷰 디스커버리

④ 30초 건너뛸 수 없는 광고

26 여행사의 디지털 마케팅을 관리하는 조이는 이 기업에서 더 넓은 잠재고객에게 도달하는 데 유튜브가 도움이 될 것이라고 생각합니다. 조이는 사용자들이 풍부하고 다양한 콘텐츠를 이용하고 커뮤니티와 교류하며 크리에이터와 소통할 수 있기 때문에 유튜브를 선택한다고 고용주에게 설명합니다. 그 밖에 사용자들이 유튜브를 선택하는 이유로 제시할 수 있는 것은 무엇인가요?

① 사용자가 무료로 케이블 TV를 이용할 수 있습니다.

② 사용자가 커뮤니티와 교류할 수 있습니다.

③ 사용자가 시청한 동영상에 대한 요금만 지불합니다.

④ 사용자가 오프라인 상태에서 동영상을 시청할 수 있습니다.

27 구글 동영상 파트너는 어떤 광고 서비스를 통해 형성되는 파트너십인가요?

① 구글 검색 광고

② 구글 Ad Manager

③ 구글 쇼핑

④ 구글 태그 관리자 360

28 CPM 방식으로 요금이 청구되는 TrueView 광고 형식은 무엇인가요?

① 트루뷰 포 액션

② 트루뷰 디스커버리

③ 트루뷰 포 리치

④ 트루뷰 인스트림

29 헤븐의 유튜브 광고 고객은 디자이너 핸드백을 독점 판매하는 부티크를 소유하고 있습니다. 유튜브를 사용해 핸드백 구매를 유도하려고 합니다. 헤븐이 고객에게 추천해야 할 유튜브 광고 형식은 무엇인가요?

① 오버레이 동영상

② 스폰서 카드

③ 건너뛸 수 없는 동영상

④ 트루뷰 포 액션

30 구글 맞춤 관심분야 잠재고객 신호는 광고주가 타겟층에 다가가는 데 어떤 도움이 되나요?

① 쇼핑 장소나 외식 장소 등 소비 습관을 기준으로 사람들에게 도달합니다.

② 연령 및 거주 지역과 같은 인구통계를 바탕으로 사람들에게 도달합니다.

③ 대규모로 틈새 마케팅 메시지를 전달할 특정 잠재고객 집단에게 도달합니다.

④ 최근에 라이프스타일이 크게 변한 사람들에게 도달합니다.

31 다나는 유튜브가 콘텐츠 홍보 수단으로 적합한지 조사하고 있습니다. 다나는 유튜브의 도달 범위와 이 플랫폼에서 계속 투자 중인 혁신적인 인프라에 큰 감명을 받았습니다. 또한 유튜브에서 크리에이터에게 주어지는 자유로운 창작의 기회도 마음에 들었습니다. 다나가 크리에이터로서 유튜브를 선택해야 하는 또 다른 이유는 무엇인가요?

① 유튜브 크리에이터는 가입을 통해 구글 소유의 HD 카메라 시스템을 사용할 수 있습니다.

② 유튜브 크리에이터는 플랫폼 도구를 사용해 자체 브랜드 웹사이트를 만들 수 있습니다.

③ 유튜브 크리에이터에게는 검색엔진 마케팅 입찰에서 인하된 키워드 비용이 적용됩니다.

④ 유튜브 크리에이터는 콘텐츠에 게재되는 광고로 수익을 창출할 수 있습니다.

32 트루뷰 포 액션를 사용해 얻은 오프라인 전환을 측정할 때 사용자가 광고를 10초간 시청한 후 며칠 안에 매장에 방문해야 매장 방문으로 집계되나요?

① 14일   ② 7일

③ 30일   ④ 45일

33 Google Surveys를 사용하면 광고주에게 어떤 이점이 있나요?

① Google Surveys에서는 사람들이 지금 검색하고 있는 정보를 확인하고 관련 주제를 찾아낼 수 있습니다.

② Google Surveys에서는 트렌드 추적과 실시간 예측으로 광고 캠페인을 계획할 수 있습니다.

③ Google Surveys에서는 광고주의 타겟층이 묻는 주요 질문을 확인할 수 있습니다.

④ Google Surveys에서는 세계 최대 규모의 표적 집단을 통해 광고주의 아이디어를 검증할 수 있습니다.

34 구매 결정을 내리는 중요한 순간에 구매의도가 높은 잠재고객을 타겟팅하여 구매를 도와주는 유튜브 광고 형식은 무엇인가요?

① 트루뷰 포 액션

② 트루뷰 포 리치

③ 트루뷰 디스커버리

④ 아웃스트림 광고

35 아래 1) ~ 4)의 유튜브 고객에게 도달하도록 광고주를 도와주는 구글 잠재고객 신호 유형 (A~D)을 알맞게 연결하세요.

---

1) 자동차 관련 채널을 구독하는 사람들

2) 쇼핑 사이트에서 개 사료를 검색하는 사람들

3) 최근에 아기를 낳은 사람들

4) 아웃도어 제품 매장을 자주 찾는 사람들

A. 맞춤 관심분야 잠재고객

B. 구매의도 잠재고객

C. 생애 주요 이벤트

D. 소비자 패턴

---

1) ●	● A
2) ●	● B
3) ●	● C
4) ●	● D

36 **해리의 광고 대행사를 찾은 광고주가 유튜브에 예산을 지출하기 전에 미디어 소비 습관의 변화에 대해 알고 싶어합니다. 이 광고주는 모바일에 초점을 맞추고 있어 유튜브 시청 시간에서 휴대기기로 시청한 비율을 궁금해 합니다. 유튜브 시청 시간 중 휴대기기로 시청한 비율은 얼마나 되나요?**

① 유튜브 시청 시간의 75%가 휴대기기에서 발생합니다.

② 유튜브 시청 시간의 60%가 휴대기기에서 발생합니다.

③ 구글은 유튜브의 기기별 시청 시간 측정항목을 공유하지 않습니다.

④ 유튜브 시청 시간의 25%가 휴대기기에서 발생합니다.

37 **광고주가 유튜브에서 효과적인 이야기를 전달하기 위해 사용할 수 있는 4가지 동영상 광고 시퀀스 프레임워크는 무엇인가요?**

① 신호, 맥락, 시퀀스, 몰입

② 티저, 전제, 프로모션, 관심 유도

③ 인구통계, 기기, 전환, 목표

④ 범퍼, 예고편, 배너, 상호 프로모션

38 **맞춤 관심분야 잠재고객을 구축하는 데 사용되는 요소는 무엇인가요?**

① 키워드, 게재위치, 웹사이트 URL, 앱 다운로드

② 앱 다운로드, 투어, 웹사이트 LAN, 앱 사용자 권한

③ 환경설정, 방문수, 웹사이트 FTP, 앱 업데이트 총계

④ 계산, 재방문, 웹사이트 SSL, 앱 매장 방문수

39 **제품 인지도에 최적화된 TrueView 광고 형식은 무엇인가요?**

① 트루뷰 디스커버리

② 트루뷰 포 액션

③ 트루뷰 인스트림

④ 트루뷰 포 리치

40 매튜는 같은 지역에 위치한 여러 호텔과 직접 경쟁 중인 5성급 호텔의 유튜브 캠페인을 관리하고 있습니다. 호텔 소유자는 캠페인 잠재고객을 구축할 때 유사 호텔의 이름을 키워드로 사용하기를 원합니다. 매튜의 유튜브 캠페인에 적합한 잠재고객 솔루션은 무엇인가요?

① 유사 잠재고객

② 고객 일치 타겟팅 잠재고객

③ 관심분야 잠재고객

④ 맞춤 관심분야 잠재고객

41 코제트는 전자제품을 판매하는 광고주에게 유튜브의 상세한 잠재고객 인구통계가 광고 운영에 영향을 미칠 것이라고 설명했습니다. 코제트는 상세한 인구통계가 이 광고주에게 중요한 정량적 특징을 기반으로 잠재고객에게 도달하는 데 도움이 된다는 사실을 알고 있습니다. 이 정량적 특징 2가지는 무엇인가요? (2개 선택)

① 내 집 마련 여부

② 가계 소득

③ 음악 취향

④ 기기 유형

⑤ 과거 구매 내역

42 시청자가 내 브랜드 콘텐츠를 어디서 찾는지 확인하려면 유튜브 분석에서 어떤 보고서를 생성해야 하나요?

① 트래픽 소스 보고서

② 인바운드 방문자 보고서

③ 시청자 트래픽 보고서

④ 휴대기기 보고서

43 다음 중 범퍼애드에 대한 올바른 설명은 무엇인가요?

① 구글애즈 또는 Google Preferred를 통해 구매할 수 있습니다.

② 15초 분량의 건너뛸 수 있는 인스트림 광고 형식입니다.

③ 동영상 스트림 외부에 게재됩니다.

④ 조회당 비용 기준으로 구매합니다.

44 클레어는 예비 신부의 관심을 끌고자 하는 새로운 드레스 매장의 유튜브 캠페인을 계획하고 있습니다. 클레어는 의도 잠재고객 솔루션이 성공적인 결과를 가져올 것이라고 확신합니다. 이 고객에게 추천해야 할 의도 잠재고객 솔루션은 무엇인가요?

① 매장 방문

② 생애 주요 이벤트

③ 캐릭터 일치

④ 타겟팅된 브랜드

45 폴이의 건설업체 광고주는 집 구매에 관심을 보이는 사람들에게 도달하기를 원합니다. 폴이가 추천해야 할 의도 잠재고객 솔루션은 무엇인가요?

① 고객 일치 타겟팅 잠재고객

② 생애 주요 이벤트 잠재고객

③ 구입 습관 잠재고객

④ 신규 변경 잠재고객

46 구글 잠재고객 전문가와 논의한 라일리는 유튜브 광고주에게 상세한 인구통계의 사용을 제안하려고 합니다. 상세한 인구통계의 2가지 특징은 무엇인가요? (2개 선택)

① 음악 취향　　　　　　　　　　　② 교육

③ 반려동물 소유　　　　　　　　　④ 내 집 마련 여부

47 로마의 새 유튜브 광고 고객은 수십 년째 시내에서 유명한 극장을 운영하고 있습니다. 이 극장에서는 액션을 유도하고 유튜브 잠재고객 솔루션을 활용해 티켓을 구매할 가능성이 높은 소비자에게 도달하기를 원합니다. 로마가 추천해야 할 유튜브 잠재고객 솔루션은 무엇인가요?

① 맞춤 이벤트 잠재고객

② 고객 일치 타겟팅 잠재고객

③ 인구통계 잠재고객

④ 브랜드 광고효과 잠재고객

48 사용자가 유튜브에서 검색 중인 콘텐츠를 분석하도록 도와주는 구글의 데이터 기반 마케팅 도구는 무엇인가요?

① 구글 트렌드

② Google Surveys

③ 구글 최적화 도구

④ Think with Google

49 고객 채널에서 사람들이 시청 중인 콘텐츠와 관련해 유튜브 분석에서 제공할 수 있는 정보는 무엇인가요?

① 선택된 광고 및 다시보기

② 리퍼러 및 선호 카테고리

③ 재방문 및 검색 기록

④ 실시간 조회수 및 시청 시간

50 다음 중 시청자 공감을 위한 권장사항 2가지는 무엇인가요? (2개 선택)

① 동정심을 살 수 있도록 우울한 분위기로 광고를 촬영합니다.

② 영화 및 TV 프로그램의 동영상 장면을 사용해 관심을 유도합니다.

③ 광고에 오디오를 활용해 브랜드 인지도를 높입니다.

④ 광고를 종료하려면 가입하거나 이메일을 제공하도록 사용자에게 요구합니다.

⑤ 광고 속도를 높여 관심을 사로잡고 오래 유지되도록 합니다.

51 유튜브 크리에이터인 루시아는 매달 20억 명이 넘는 활성 사용자에게 도달하고 플랫폼의 혁신 기술을 사용해 사용자 요구를 충족하는 콘텐츠를 제작할 수 있습니다. 유튜브를 통해 루시아는 자유롭게 창작하고 새로운 기회를 찾으며 원하는 일을 하면서 돈을 벌 수 있습니다. 유튜브는 크리에이터의 수익 창출을 어떻게 도와주나요?

① 크리에이터는 특정 구독자수를 초과하면 수익금을 받습니다.

② 크리에이터는 유튜브 콘텐츠를 업로드할 때마다 수익금을 받습니다.

③ 크리에이터는 교차 채널 참여가 발생하면 수익금을 받습니다.

④ 크리에이터는 콘텐츠에 게재되는 광고를 통해 수익금을 받습니다.

52 빈센트는 스마트 TV를 보는 고객들에 대해 브랜드 인지도를 높이고 싶어합니다. 빈센트는 유튜브가 이에 대한 훌륭한 해결책임을 알고 있습니다. 유튜브가 이 고객에게 적절한 솔루션인 이유는 무엇인가요?

① TV는 유튜브 이용에 사용되는 주요 기기이며 주로 거실에 설치됩니다.

② TV에서 광고를 시청한 사용자의 75%가 거실에서 유튜브로 해당 광고를 검색합니다.

③ 한때 TV와 미디어 기기가 장악했던 거실은 빠른 속도로 유튜브 상영관이 되어 가고 있습니다.

④ 사용자의 95%가 자신이 원하는 인터넷 지원 기기를 사용해 거실에서 유튜브의 동영상을 이용합니다.

53 맞춤 의도 잠재고객이 광고주에게 제공하는 가치 제안은 무엇인가요?

① 인쇄 캠페인의 도달범위를 유튜브까지 확대하고 비즈니스가 잠재고객의 신뢰를 얻도록 도와줍니다.

② 검색 캠페인의 도달범위를 유튜브까지 확대하고 구매를 결정하는 동안 고객에게 영향을 미치도록 도와줍니다.

③ 디스플레이 캠페인의 도달범위를 유튜브까지 확대하고 구매 후 상호 작용 중에 고객에게 영향을 미치도록 도와줍니다.

④ TV 캠페인의 도달범위를 유튜브까지 확대하고 문제 식별 및 구매 시기에 영향을 미치도록 도와줍니다.

54 자동차 대리점을 운영하는 고객이 구매할 준비가 되어 있는 가치 높은 고객에게 도달하게 해달라고 제임스에게 요청합니다. 제임스가 사용해야 할 유튜브 의도 잠재고객은 무엇인가요?

① 맞춤 관심분야 잠재고객

② 구매의도 잠재고객

③ 전환 가능성이 높은 잠재고객

④ 소비자 잠재고객

55 잠재고객 프로필이 만 35~54세이며 iPhone 등에서 오토바이를 조사하는 미래의 고객을 찾아야 할 경우 다음 중 어떤 유튜브 잠재고객 솔루션이 도움이 될까요?

① 고객 일치 타겟팅

② 일치검색

③ 유사 잠재고객

④ 리마케팅

56 다음 중 건너뛸 수 있는 인스트림 형식을 사용하는 유튜브의 인지도 관련 광고 형식은 무엇인가요?

① 동영상 마스트헤드

② 아웃스트림 광고

③ 범퍼애드

④ 트루부 포 리치

57 동영상 시청 위치와 관련해 유튜브 분석에서 제공할 수 있는 정보는 무엇인가요?

① 방문 날짜 및 재시작 수

② 트래픽 소스 및 기기

③ 이탈률 및 세션수

④ 참여 및 중도 이탈

58 **범퍼애드의 검증된 이점은 무엇인가요?**

① 범퍼애드는 해상도가 높고 로드 시간이 짧으며 노출수가 많습니다.

② 범퍼애드는 자동 생성되고 모든 언어로 실행되며 결과를 보장합니다.

③ 범퍼애드는 효과적이고 효율적이며 비즈니스에서 신규 고객에게 도달하도록 도와줍니다.

④ 범퍼애드는 절반의 비용으로 쉽게 제작할 수 있으며 영구적으로 활용할 수 있습니다.

59 다음 중 유튜브 홈피드에서 흥미로운 새 콘텐츠를 발견한 잠재고객에게 광고주가 도달할 수 있는 유튜브의 구매 고려도 및 관심분야 관련 광고 형식은 무엇인가요?

① 범퍼애드

② 트루뷰 디스커버리

③ 트루뷰 인스트림

④ 동영상 마스트헤드

60 구글 애널리틱스 솔루션에 포함된 구글의 데이터 기반 도구는 무엇인가요?

① Google Surveys

② Think with Google

③ 구글 트렌드

④ 구글 비디오 360

／

맺

음

말

／

가장 먼저 이 책이 나올 수 있도록 기회를 만들고 애써주신 임현재 대표님께 감사의 말을 전하고 싶습니다. 유튜브 마케팅의 중요성을 누구보다 먼저 캐치하고 업계에 선두주자로 나선 1세대 유튜브 마케터로서, 글링크미디어 모든 후배들의 롤모델이라고 말할 수 있을 것 같습니다.

또한, 이 책을 쓸 수 있게 되기까지 많은 가르침을 주시고 지지해주신 이계열 이사님, 정민지 이사님 외 글링크미디어의 선배님, 후배님들에게도 감사의 인사를 전합니다. 함께 일하고 있어서 너무 즐겁고, 서로가 서로에게 좋은 영향을 주는 멤버들이어서 저에게는 영광입니다. 특히, 이 책의 공동저자인 황세현, 이채연 이 동료들이 없었다면 이 책을 완성할 수 있었을까 싶습니다. 고맙습니다.

항상 저를 지지해주고 자랑스러워 해주는 가족과, 힘들 때마다 큰 의지가 되는 친구들도 고맙고 사랑합니다.

2020년은 코로나 바이러스로 다소 암울한 시기였지만 2021년은 가족, 친구와 함께 더 많은 시간을 보내고, 보다 행복하고 희망찬 새해가 되기를 바라봅니다.

김보경

본 도서에서는 임현재 대표님의 「한 권으로 끝내는 유튜브 동영상 광고, 유튜브 마케팅」의 심화 편으로, 구글 YouTube 광고의 실무적인 부분을 자세히 알아보았다.

많은 마케터, 브랜드 담당자들이 어려워하는 YouTube 마케팅을 보다 쉽게 풀어나갈 수 있도록 YouTube 광고에 대한 실제 전략들로 구성하였다. 또한 실제로 현업에서 활용할 수 있는 다양한 팁들도 많이 포함하였다. 특히 디지털마케팅은 매우 빠르게 변화되는데 YouTube 역시 이에 맞춰 2020년도 최신의 내용들로만 구성하고자 하였다. 현존하는 YouTube 마케팅 중 가장 최신의 정보를 업데이트한 책으로써 많은 이들이 도움을 받을 수 있기를 바란다.

끝으로 이 책이 나오기까지 열심히 달려온 보경, 채연에게 함께 할 수 있어 영광이었다는 말을 전한다. 그리고 항상 많은 격려와 기회를 주신 임현재 대표님과 국내 최고의 구글 전문가들이 모인 글링크미디어 이계열 이사님, 정민지 이사님 이하 15명 모든 글링커 분들께 이 감사의 말을 전하고 싶다. 항상 가장 가까이서 응원해주는 우리 가족 아빠, 엄마, 동생, 그리고 내 친구들 늘 고맙고 사랑합니다.

황세현

언제나 기회를 열어주시고 좋은 길로 이끌어주시는 임현재 대표님께 꾸밈 없는 감사의 인사를 남깁니다. 항상 믿고 응원해주셔서 감사합니다.

또, 책을 쓰기까지 가르침을 주시고 격려해주신 이계열 이사님과 정민지 이사님, 도움과 응원을 보내주신 글링크 분들에게 감사의 인사를 드립니다.

함께 책을 쓴 김보경, 황세현, 두 작가님께 감사의 인사를 전합니다. 두 분과 함께 책을 쓸 수 있어서 좋았습니다.

마지막으로 언제나 믿고 응원해주시는 우리 가족, 내 친구들 항상 고맙고 사랑합니다.

이채연

찾아보기

1판 1쇄 인쇄 2020년 12월 10일
1판 1쇄 발행 2020년 12월 15일

———

지 은 이 김보경, 황세현, 이채연
발 행 인 이미옥
발 행 처 디지털북스
정   가 15,000원
등 록 일 1999년 9월 3일
등록번호 220-90-18139
주   소 (03979) 서울 마포구 성미산로 23길 72 (연남동)
전화번호 (02) 447-3157~8
팩스번호 (02) 447-3159

———

ISBN 978-89-6088-364-2 (03320)
D-20-23

DIGITAL BOOKS
디지털북스